U0612201

后浪出版公司

読書が知識と行動に変わる本

把读到的知识转化成能力

实用性阅读指南

［日］大岩俊之 著　　陈怡萍 译

江西人民出版社
Jiangxi People's Publishing House
全国百佳出版社

序　言

学生时期的我，是一个"不读书"的人，语文课成绩也不尽如人意。

阅读理解力基本为零，可以说就是个"无能之人"啊。开始上班之后，迫不得已也稍微锻炼出了些许阅读和写作技能，但因为仍旧讨厌读书，所以在写文件、书面报告等笔头工作上，吃了不少苦头。我开始认真地阅读，是过了30岁之后。

那时候我正准备独立创业。某天，我突然看到一本书，上面写着这样一句话："成功人士皆为读书家。"

我天真地认为，即使无法立刻创业成功，只要模仿成功人士的做法，总有一天我也会加入他们的行列。于是，在一年里竟然读完了300本书。

那段时间，真的是在"阅读"这一件事上付出了很多努力。

然而，不管我怎么拼命地读，感觉还是完全记不住，读过即忘。

为了彻底找出原因，我参加了许多读书讨论会，不仅花了不少钱，还认真地研究了一番。

我的努力终于有了回报。此后，我读书更有效率了，对于书中的内容，也能在笔记本上清楚地总结、扎实地记忆。

能够真正吸收一本书中的知识，这种喜悦之情至今仍让我记忆犹新。

但是，知识量虽然水涨船高，在我自己身上却并没有体现出任何成果。

我当时的目标是成为一名研讨会的讲师。凡是市面上关于创业、研讨会讲师、演讲以及咨询方面的书，我基本都读过了。然而过去很长时间，我最终还是没有成为讲师，更别说创业了。

我的努力就这样付之东流了？

那当然！光读书不行动怎么行？

通过阅读书籍可以获得知识，但只有付诸行动才有效果。换言之，通过读书设定行动目标后，在最终得以实现目标之前，必须不断地深耕。

本书不单单是教大家如何通过读书来获取知识，而且还总结了一些能让你实际行动起来的方法。

我就是通过这种方法，坚持不懈地汲取知识、付诸行动，最终成为一名研讨会的自由讲师的。而在我身上发生的变化不止如此，在其他方面，我也达成了自己想要的目标。

那么，我是如何从书中的内容汲取灵感，化为行动的呢？接下来我会以自己作为研讨会讲师而独立创业的经验为例，在书中做出具体的说明。

希望各位在读完这本书之后，不但能收获知识，也可以像我一样行动起来，获得成功。

大岩俊之

目　录

第三章　牢记读到的内容

第四章　将书中内容付诸行动

第五章　读书对人生产生影响的实例

第一章

有效率地读书

1.1 确定读书目的

你手边的一本书，是因为什么才买下来的呢？

你为什么想要读它？

"因为上面有我想要了解的内容""和现在的学习相关""这本书现在很流行""想提高自己的工作能力""收集些写博客和聊天的素材"……每个人一定都有各自的读书"目的"。

大部分人在读书的时候，这些"目标"会变得模糊。然而与小说不同，**商务类书籍是需要带着"目的"去阅读的。**

带着主动意识去行动会更加专注，因此也会更集中注意力，容易有所收获。

在此，我们不妨做个实验。

请闭上双眼，想一想现在在你周围有多少蓝色的物体，在心中默默地数一下。

好了，请睁开眼睛吧。

在闭上眼睛的状态下，数出了多少？

接下来请扫视四周，确认一下身边究竟有多少蓝色物品吧。

就在你睁开眼环视周围的时候，是不是感觉双目所及的蓝色物体一下子都飞入眼帘了呢？

你一定会惊觉："原来我身边有这么多蓝色的东西啊！"没错，这就是主动意识的力量。

给大家说说我的经历吧。

几年前，我一直考虑要换辆车。因为家里有两个年幼的孩子，所以决定选择厢式旅行车。丰田的诺亚、本田的步威、日产的赛瑞纳等车型都在我的考虑范围内。

那段时间，我几乎每天都在看厢式旅行车的讯息。对于周围原来"跑着这么多旅行车"很是惊讶。

在我对厢式旅行车开始关注之前和之后，其实在马路上跑的箱式旅行车的数量根本没有变化。但由于我的关注，注意力焦点集中了，所以变得很在意。

结果是看了那么多的厢式旅行车，我渐渐地失去了新鲜感。

读书时也会有这种情况。

明确目的，知道自己"想从这本书里得到什么"，再去阅读，这样就能"集中火力"，更容易找到想知道的信息。

那么，请把读书的目的设定得与"行动目标"相近一些。

具体请参照第四章"怎样将读书转化为行动"。读完书之后，请务必将其与自己的行动联动起来。

顺便一提，在我所主持的读书研讨会上，会使用下页的表格。

表格可以记录书的内容，也可以画思维导图（见第43页），请大家务必尝试一下。

书名		作者	

目的			
深入阅读的目的			

内容

1.2 只摘取自己需要的信息

要一边翻书，一边寻找对自己有用的信息。

通常一本书有 200~250 页，要从中找出需要的信息，多少都要习惯一阵子。然而一但学会了，就可以更有效率地阅读。

具体做法如下：**先想好关于书本的"问题"，然后在书本中找出应对这些"问题"的答案。**想要练就这种"技能"，按下面的步骤操作是很重要的。

① 清楚明确自己的读书目的

② 概览序言、目录、后记等部分，大概了解书的内容

③ 确定问题（考虑深入阅读的目的）

只要一有问题，人类的大脑就会想要找出答案。那么，我们就利用这个特性，提出问题。

什么是"问题"？下面举几个例子。

"哪些信息对我达成目标是有帮助的？"

"本书最重要的三点是什么？"

"哪些内容对我下一次的演讲、研讨会、公司培训有用？"

"哪些信息对整理资料来说是必需的？"

"为了使交流更顺畅，有哪些需要做的事？"

"如何解决现时出现的问题？"

"解决 ×× 的方法、提高 ×× 的方法、能够 ×× 的方法有哪些？"

思考和确认以上三个步骤，最低也要花 20 分钟左右。

在我主持的"读书研讨会"上，倡导的是①花 5~10 分钟，②花 10~20 分钟，③花 5~10 分钟，总共需要 20~40 分钟的时间。

通过落实以上步骤，**就能把焦点更多地放在"目的"和"问题"上，在翻开书的同时，也会专注于自己需要的内容。**对于有些人来说，想要的内容好像会自动显现出来一样。

1.3 通过序言、目录和后记掌握概要

大家是在考虑读书方法的基础上阅读吗？

大概大部分人都是什么都不考虑，就从第 1 章开始读书的吧？从开头一字不落地看到结尾，这样才感觉真正读完了对吗？

但是书并没有标准的阅读方法。无论你怎么读，都没问题。

没有必要按顺序从头读到尾。

请回忆一下在书店买下一本书时的情形吧。

怎么说买本书都得花 500~1000 日元呢，谁都不会选一本不适合自己的书籍。所以大家努力在短时间里区分哪些书适合自己，哪些不适合。

首先，在书店拿起一本书时，一定是因为对书名感兴趣吧？

"作者是谁呀？"抱着这个疑问，会再去看一下作者简介。

然后因为没时间仔细读所有内容，就会随便翻一翻，大致了解一下写的是什么。

我想大家大多是这样，从各种角度来确认要不要购买一本书的吧。

而这个做法，也能应用于读书的过程中。

读书时最先需要确认以下三项：

•序言；

•目录；

•后记。

"序言"恐怕是一本书里最先会读到的部分了吧。

"序言"对书来说至关重要。如果不写得有趣易懂，就不会吸引读者购买。可以说，**"序言"凝缩了一本书所有的要点**。其中包括作者的自我介绍、关于此书的想法，以及撰写原因等，还包括对书籍主要内容和各章的总结等。

如果不仔细阅读这一部分，是件非常可惜的事。但让我意外的是，确实有不少人只是随便看一看，甚至还有人完全不在乎，一眼不看。"序言"很重要，请务必认真阅读，这有助于把握一本书的概要。接着是"目录"部分，它解释了书的整体构成。这里写着本书的各级标题。**看完目录，便能够掌握一本书所有的内容。**

拿公司来说，也许就等同于组织结构图。

说到组织结构图，客户会要求查看，公司主页上也会展示，总之是了解一家公司所必需的文件。要策划一本书的出版，必做的事情之一就是撰写"出版计划书"。其中除了要写上"书名""作者简介""同类书籍"等，还必须包含"目录草案"。**按照所列的"目录草案"，作者和编辑讨论，确定书的具体内容，然后在会议上决定是否出版。**

在这一阶段，还没有必要将一本书的原稿全部提交，对于编辑来说，"只要有'目录草案'，大致就能了解书籍内容"。

作者是按照所作"目录草案"条目来完成全书的撰写工作的。如果没有"目录草案"，就无法在头脑中将内容整理成形，书的撰写工作也会变得相当困难。

没有其他任何部分能像目录一样对书的内容有如此全面的整理。因此，读者如果想大体掌握一本书的内容，必须阅读目录。

最后就是"后记"了。

"后记"有时也被称作"跋"，并不是所有图书都会有后记。这一部分，通常会有作者对全书的总结、编撰此书之后的感想，以及对家人、编辑、协力出版此书的相关人员表示感谢。

我们一般认为应该读完整本书之后再读后记。但是我个人建议大家先行阅读这一部分，因为这有助于把握书的概要。

通过阅读后记，你会再次认识到"作者原来要说的是这个啊"，明白"看来写这本书花了不少力气呢"，知道"出版此书和这些人还有这样的因缘呀"。

即便只了解这些，也会提升读者对作者的亲近感，激发阅读的热情。

1.4　要有时间意识

平时在公司工作时，人们通常都会注意控制时间。主妇做家务时，同样也会有时间观念。

相信谁都有过这样的经验：今天不想加班，想早点回家，工作时就格外在意时间，工作效率也特别高。

比起认为加班是理所应当，心里想着"绝不加班、按时回家"的话，更能提高工作效率。我过去还是公司职员时也是如此。由于当时做销售经常跑外勤，大多数情况都不能按时回家。

但是某次我突然立志练好高尔夫球，就开始去高尔夫球培训班。而这恰恰成了一个改变的契机。虽然每周只上一次课，但是在工作日晚上，这意味着如果我不早点下班就会赶不上，所以只能逼着自己加快工作速度。公司当时的环境很难让人做到准时下班，但我想要是能比别人完成更多工作的话，别人也无话可说，于是就坚持抓紧时间干活，结果工作效率真是出奇的高。

有时间意识的话，效率会迅速提高。

请将这点也运用于读书上吧。

大家在读书的过程中，是不是经常忘了时间流逝，不知不觉地一直往下读，回过神来，已经过去了好几个小时？

举个例子，要求你在10分钟内读一本书，并向他人叙述书中的内容。我想，除非是速读高手，否则不可能在短短10分钟里读完一本书，并且做到完全理解。

那么，如何才能在极为苛刻的时间限制里做到这一点呢？想转述给别人，就应该想一想"你所需要的信息是什么"，并且在书中找出它们并有针对性的阅读。如此一来，就有可能在10分钟内读完一本书，并向他人叙述书中内容。

请记住这样一个理念：**阅读商务类书籍，完全不用从头读到尾，而是要摘取对自己有用的信息。**

在书店里浏览，或是在上下班的地铁里阅读，有时反而会帮助人们加深对书的记忆。因为这时人们知道自己的时间有限，不能一口气读下去，于是就有了"就读××分钟"的时间意识。

如果想要把一本书从头读到尾，也可以这样做：先确定读完需要多少时间，然后分几次完成。比起漫无目的、读到哪儿算哪儿的阅读方式，不如事先告诉自己"此次阅读时间是一个小时"。这样的话，无论是对书的理解还是注意力的集中程度都会有所提高。

针对一本书制订具体的阅读时间规划——"这本就花两小时读完吧！""今天没什么时间，所以"就读30分钟""下次再读一小时"……这样一来，自己就可以控制读书时间了。

将惯有的读书方式转变为安排时间阅读的话，内容理解度、注意力集中度以及读书速度都会得到提升。

1.5　不试图全部理解

之前我提过许多次，大部分人对读书有误解：认为一本书必须从头读到尾，全部理解才行。

这么做会让人产生很大的心理负担，结果可能是只买书而不读书，或是半途而废。

用这种方式读书，即便读到最后，大概也不会真正记住多少内容。

从我自身的阅读经验来说，一本书的重要内容只占整本书的20%，这20%中最重要的仅有4%。也就是说，如果是200页的书，其中只有8页是最核心的。因此，这8页内容就变得十分关键。而其余的部分完全可以不读，忘了也罢。

与其全部读完却记不得书里到底讲的是什么，还不如最开始就找出书中最核心的那4%去"集中火力"，这样取得的效果要好得多。

本书的目的就是让大家最终能行动起来。阅读之后如果不付诸行动，也就失去了它的意义。

我的意思不是要你"为了实践书里所有的内容，陷入头脑混乱的局面，到头来却什么都没掌握"，而是选择书里的重点，哪怕只找出一点，也应该"实践"起来，付诸"行动"。

也许对于大部分人来说，要斩钉截铁地"丢弃"不需要的东西，确实有困难。但不管怎样，请一定要学会毅然决然地"舍弃"。

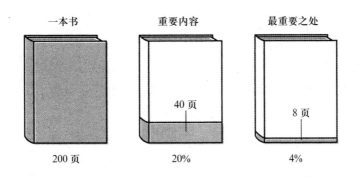

一本书	重要内容	最重要之处
	40 页	8 页
200 页	20%	4%

我也曾经对如何"舍弃"这个问题束手无策。

刚开始读书那阵，我经常从头读到尾。可能是因为觉得好不容易花钱买来的书，不全部看完很浪费，但结果书中的内容还是全忘了。

　　而在尝试凝练书中重要的 20% 之后，我慢慢发现这么做反而能牢牢记住书的内容。

　　"终于能记住书本内容了！"让我能真正体会到这一点的，是学会果断舍弃书中非必要部分的那一瞬间。

1.6 有意识地"输出"

所谓"输出",包括"向他人讲述"和"写下来"两个含义。

以这两种"输出"为前提,再去阅读(输入),就会非常有效率。

在我主持的读书研讨会上,会让大家以向他人讲述为前提去阅读书籍,读完之后让每个人把读过的书讲给大家。这个方法让大家带着"要告诉别人"的目的去阅读,因此更容易抓住书中要点。

并且,通过向他人讲述,也更容易记忆书的内容。

前几天召开的读书会上,我做了一个实验:"在不向他人讲述的前提下读书,与要向他人讲述的前提下去读,在读书方法上有什么区别?"

果然,大部分人回答:"以向他人讲述为前提去阅读,更容易读进去。"因为一边读一边心里会想着"到时候要给别人说书中的内容",读书的目标就容易确定下来。

　　我是一名要在众人面前演讲的讲师，这是我的工作，因此经常要把平时阅读的内容作为参考范例，在研讨会或培训中提出来。对我来说，这意味着我必须要以"输出"为前提去阅读。

　　但是，在我从事这种要在人前讲话的工作之前，即使明白了以"输出"为前提去阅读的重要性，要找到"倾诉"对象也不是那么容易的。

　　所以每次读完书，我就说给妻子听。如果内容是她有兴趣的，就很喜欢听我说；要是不感兴趣，她似乎也觉得挺无聊的。

　　我觉着这样下去确实不是办法，就找了几个朋友，在茶馆里一边喝茶，一边不停地"说书"。那些朋友也是一样，有些时候觉得挺无趣的。

　　找人"说书"要考虑对方是否愿意、时间上是否方便，所以也十分不容易。

　　因此我就想到，干脆"写下来"好了。

　　开始时，我会写在亚马逊网，**或者在博客、Facebook上总结书的内容来介绍给别人。**

　　这么一来，既不会给任何人添麻烦，反而还受到大家的欢迎。

　　与"向他人讲述"的作用一样，以让别人阅读为前提"写下来"，同样是一种极有成效的"输出"。

　　只是为了总结书本内容当然也可以"写下来"，而相比之下，以让别人阅读为前提"写下来"更能达到效果。

　　请大家多多尝试以不同类型的"输出"为前提来读书。

1.7　争取多读

"多读"就是"多读些书"的意思，但对于这个概念，每个人好像有各自不同的定义。

本田直之先生所著的《杠杆阅读术》一书中有这样一句话："如果速读是通过训练眼睛的移动方法来实现快速阅读的话，那么多读就是舍弃无用部分的技巧。"

成毛真先生在其所写的《同时读10本书》中提到："'超并列'读书法，不是每次就读一本书，而是在不同场所读不同的书，在一天的时间里同时阅读几本书。"这种观点和我对多读的想法比较接近。

总之，希望大家丢弃一次只读一本书的习惯，而是采取这样的**"并列读书法"，同时阅读几本书**。

洗手间放一本，浴室放一本，包里放一本，公司里放一本，卧室里放一本……像这样在不同地方读不同的书是最理想的，另外还可以在包里放个两三本，乘地铁时读 A，泡咖啡馆读 B，工作结束就读 C。

同时阅读若干本书的话，注意力也会提高。

当每次阅读不同书籍时，就会拼命回想"上次读到哪儿了？""这本是讲什么的？"短短一天时间内，**多次阅读不同书籍，这样一来头脑也不断转换思考，反而对书本的印象更深了。**

并行阅读几本书所得到的感觉，绝对不同于按部就班地读书。

而且，为了同时阅读那么多书，必须同时选择很多本要看的书。这种选择方式又和一般的选书方法有所不同。

由于要同时购买许多本书，如果其中掺了太多无聊的书，那就无法"多读"了。因此，大家要认真选择一些有意思的、适合自己的书籍。

另外，要是只选择同一类别的书，中途就会开始厌烦。因为内容难免有所重复，那就没有必要去读了。必须选择几本不同领域的书籍。

这里分两种情况。首先，如果只是购买一两本书，可以让别人推荐，或是选择杂志上介绍的，像这样被动一些也无妨。而若是需要购买许多本，就必须自己主动寻找想买的书。

如果你选的所有书都很没有吸引力，也就意味着根本无法"多读"。

无论如何，请务必挑战"多读"，它会让读书变得更加有趣。

1.8　不被他人的意见左右

我询问过许多朋友，其中有来参加我的讲座、读书会的人，还有在其他读书会结识的人。大家都表示会参考亚马逊网站上的书评来选书。

除此之外，还有不少人会查阅知名的书评博客、书评电邮杂志等。

而如今，也有人会根据朋友在 Facebook 上的推荐来选择书籍。

当然如果确实不知道该选怎样的书，就只能参考别人的意见。但就我来说，亚马逊书评只能作为一个"参考"而已。

评论中也会有非常具有参考价值的内容。但是，很多好评其实是作者的朋友或是忠实读者写的，而差评则通常是一些爱批评的人在抱怨而已。

书评博客、书评电邮杂志等，同样最多只能作为"参考"。

我有很多次都是看完这些推荐意见再购书的，但真正能找到适合自己书籍的概率并不高。买 10 本，适合自己阅读的书一般也就两三本，0~30% 的概率。

因为概率很低，所以现在我要是发现有感兴趣的书，一般会在实体书店先确认一下。

一有喜欢的书，我就标记在亚马逊账户里的"心愿单"中。可以下载亚马逊的 APP，只要有智能手机，**就算出门在外也可以随时查看自己的"心愿单"**，非常方便。

去书店看实体书，再从中挑选真正想读的买下来。如此一来，就能减少选书失败的几率。

而且在实体书店一般会陈列有本月新书、畅销书等，当下备受瞩目的书籍一览无余。

一家书店最花精力的就是书籍的陈列。每家书店都有不同的特点和偏好。有的书店会制作小标识牌，让推荐的书更加显眼；也有特别设置"书籍推荐"专柜，这都反映了书店的喜好。

各个书店都有自家的销售榜，非常具有参考价值。

逛书店是我的兴趣之一。书店不同，风格也各异。这带给我很多乐趣。有时会受到推荐书目的影响，不知不觉就买下计划之外的书籍。亲自去到书店，会有许多新发现。

　　如果大家想要"遇见"适合自己的书，不如移步附近的实体书店吧，这与网络购书有完全不同的乐趣。去实体书店实际接触书籍本身，是发现好书最有效的方法。因为只有自己明白最适合自己的书籍。如果不亲自翻开书读一下，是不可能知道的。

1.9　不借书

　　如果尚未养成读书习惯，可以向他人借或者在图书馆借阅。

　　但随着阅读量的不断增加，我个人还是建议大家自己买书看。

　　就我个人经验来说，**借书来看的话**，"从书里认真汲**取精粹"的意识会相对较低**，读完后付诸行动的概率也不高，阅读效果自然不是很理想。

　　如今的图书馆非常方便，在数据库里就能检索到自己想看的书籍，然后在网上预约借阅就行。但是图书馆馆藏书中很少会有最新上市的商务实用书，要想借到最新出版的畅销书，更是要等上个把月。这就意味着，**好不容易借到手，读书的兴致有可能也消失殆尽了**。

　　问别人借或者向图书馆借阅，到时间都必须归还。如果想要重新读的时候，就无法马上阅读。

　　有时，一本书你读第一遍时没意识到的地方，读第二遍时才会有所领悟，读第三遍才能明白书的真正价值。

如果是借书看，就很难意识到这一点。

本书的目的在于让大家读完书后会付诸行动。

读完一遍书后，需要马上行动（第四章有介绍）。这时候如果这本书不在身边，就无法做到这一点。想要读完书就行动起来，必须把书放在触手可及的地方。

人不失钱财不知痛。因为花钱了，就想回收相应的价值，所以怎样都想做点什么。从行动能力方面考虑，也请自掏腰包购买书籍吧。

第二章

边读边做笔记

2.1　如何记录读书笔记

对于迄今为止读过的书，如果放任不管的话，有可能很快就会忘记书中的内容。这是一件非常可惜的事情。

这里我推荐大家做"读书笔记"。**通过"读书笔记"整理知识和信息，帮助记忆。**

想总结要点并写在笔记上，就必须充分理解书中的内容。为了理解，必须反复阅读并思考，只有这样才能让头脑更加清晰。**通过反复阅读，会加强理解，记忆也会加深。**

制作"读书笔记"，需要预先做些准备工作。

在读的书上用"划线""标记号""注明文字""贴便签""书页折角"等方法找出重点部分。

就这样，书本被"弄脏"的地方成了"标记"，"读书笔记"也大功告成了。

在那么多做"读书笔记"的方法中，我最推荐的是"思维导图"法。

思维导图最近越来越为大家所熟知，也许不少读者都听说过。

使用思维导图可以把一本书的内容浓缩在一张纸上。并且，由于关键部分是用单词形式写下来的，简洁、色彩多样的图画可以刺激大脑，思维导图还能让记忆更加深刻（详情请参照第44页）。

虽然"读书笔记"好处很多，但也有缺点。

毕竟总结整理是件麻烦事。

如果养成了习惯，做"读书笔记"就很自然。但在习惯形成之前，会非常辛苦。我已经见过不少人半途而废了。

但是，如果想牢牢记住书上的内容，并且把它们化为己用的话，"读书笔记"就是项必不可缺的工作。请各位一定要尝试。

而且这也是一种让自己迅速抓住重点和所需信息的训练，阅读速度也会随之提高。

2.2　把书弄脏也要记下来

我偶尔会把买来的书保存得像新书一样干净，但大多数情况下，我会在读书过程中划线、做记号。大家不妨也这样写写划划，充分利用自己买的书。

无论是向别人借书、在图书馆借阅，还是在书店站着浏览，都不能把书弄脏。这样一来，之后再翻阅的时候，因为没有做过标记，不知道"这本书哪些地方比较重要"。或者因为借来的书不得不还，手头没书看，就更无从知晓了。

我看书一般会在认为重要的地方划线。划线方法各凭所好，因为我不太喜欢曲线，因此一直用直尺划线。

重要段落用中括号括起来，然后在附近空白处做标记，对感兴趣的、重要的单词添注释。这样做的话，再翻阅此书时，就能一目了然地知道重点在哪里。

"划线""记号""括号"等标记方法，每个人会有各自的规则。比如，有喜欢打五角星的，有喜欢标数字的，还有用圆圈圈起来的，因人而异。

不把规则定得太详细，才更容易长久地坚持下去。

那么，笔记用品方面，应该选择什么样的呢？

我只有在画线的时候才会用红色圆珠笔，其他情况根据手边有的文具灵活运用。

顺便说一句，在书上画线、做标记的地方，每个人都各不相同。

> 做笔记的时候，先将 A4 纸横放在面前，然后在纸的左上角写上标题，并在标题下画一条横线，这个方法简单至极。在这个方法中所使用的既不是笔记本、小卡片、便签，也不是电脑，而是 A4 纸。而且并不是要将这张 A4 纸写得满满的，而是仅写 4 至 6 行，这样既不用担心纸不够用而将字写得很小，还很快就能完成，写的时候就不会感到有负担了。而写上去的内容并不仅局限于文字，也可以简单地画一些图。
>
> 至于为什么要将 A4 纸横放在面前，这是因为在做笔记的过程中，会出现越来越多诸如当前的问题和解决策略、至今为止的问题和应对等表现出时间顺序的内容。当然我也尝试过将 A4 纸竖放在面前，但是还是横着放更容易书写。
>
> 在标题下画一条横线是为了突出标题，这样做可以将标题和之后的 4 至 6 行的句子明确区分开来。如果是使用 PowerPoint 等电脑办公软件的话，可以将字体加粗，但是手写时只要画一条横线即可。
>
> 在 A4 纸的右上角写上日期。我会采用 "2014-1-23" 这种简便的形式来书写。这种写法最清楚也很省事。因为在 1 张 A4 纸上做笔记时，包括标题、日期、正文等内容，全部都要控制在 1 分钟之内写完，这是 "做笔记" 法至关重要的一点，所以在写日期时，再写上 "年"、"月"、"日" 就会占用时间。

（手写批注：A4纸 4至6行　标题　一分钟之内写完）

在自己觉得重要之处做记号，之后也只有自己才明白，一本个人专属的书籍就由此诞生。

大家难道不觉得这是一笔很大的财富吗？

接下来，讲解一下便签的使用方法。

重要之处，一般会用做标记、画线的方式。通常想要找到标记处所在页，只能按照顺序翻下去。

如果贴便签，就能立刻翻到标记页。

但是，**我不光简单地贴上便签而已，而是在便签上写一些关键词，以便看到这个便签马上就知道此页讲了什么内容。**

如果贴了太大的便笺纸，书本内容就会被遮住，也不容易找到关键点，这一点请大家要避免。

觉得贴便签麻烦的读者，也可以尝试折书角。

以前我也经常使用这一方法。觉得是重点的地方就折起那页的书角，**最重要的地方就折两次。**

如果一本书的书角被折起了好多，那就说明这本书绝对是本好书呢。

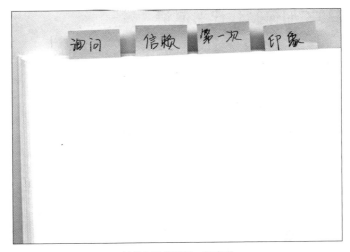

便签上写关键词，做索引

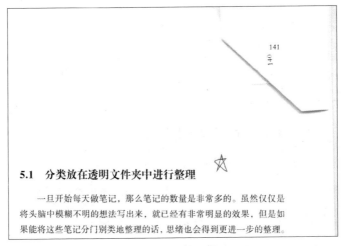

5.1　分类放在透明文件夹中进行整理

　　一旦开始每天做笔记，那么笔记的数量是非常多的。虽然仅仅是将头脑中模糊不明的想法写出来，就已经有非常明显的效果，但是如果能将这些笔记分门别类地整理的话，思绪也会得到更进一步的整理。

重点处折起书页

2.3　如何制作读书笔记

现在你的书上已经有不少标记了。

我们可以利用这些标记制作读书笔记了。

首先，在笔记上写基本信息：

• 本书书名；

• 作者；

• 笔记制作日期；

• 读书开始日；

• 读书终止日。

写上这些项目，自己在何时读的什么书，什么时候整理笔记，就会一目了然。

下面继续说明一下如何整理书中内容。

1.直接摘录一部分内容

现在你的书上已经可以看到不少做过的标记了吧。相信你肯定觉得这部分很重要，所以才会做标记。其中一定**有一些地方你认为特别重要，或者作者在这里总结了自己想说的主题，这些部分可以直接摘录下来。**

但是，请不要一下几丨行地全部摘录下来，至少控制在 3~4 行。

想摘录的地方可多可少，**请至多控制在 4~5 处**。即便只有一行，也请做好读书笔记。

另外，记录下摘录的页码，今后就方便了。

2．做摘要，分项罗列

可能你认为有些内容并不如从标记处直接摘录的某部分重要，但还是**很喜欢，就可以分项写下来**。

做摘要必须在头脑中先行思考，它的优点在于能浓缩成短小精悍的精华。

与（1）并用也可以，只做（2）也没关系。

只做（2）的话，把重要之处以分项形式记录下来为好。

同样，把摘录的页码记录下来，今后就更加方便了。

3．写下自己的感想

读完书并做好笔记后，应该会有不少想法涌上心头。**阅读过程中的所思所感一定要记下来。**

通过加入自己的想法，你的读书笔记将会变成独一无二、专属于自己的东西。以后可以随时回顾"自己当时的想法"。

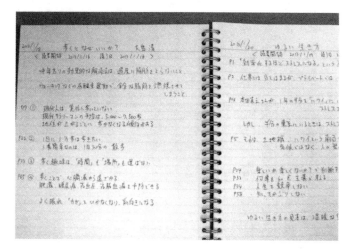

直接摘录一部分内容

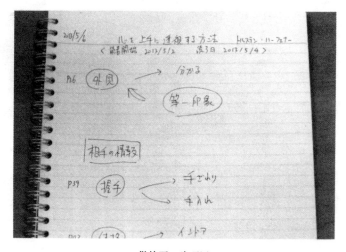

做摘要，分项写

2.4　把握书的结构层次

不满足于只是了解书中某一部分内容，而想要全面掌握的话，首先必须弄清一本书的结构。

比如对所读书籍相关领域的知识知之甚少，或者想确认下自己的知识量时，这么做非常有帮助。在制作读书笔记之前就想好这个问题的话，你对书的理解将更加深刻。

每几年我就会去一次迪士尼乐园。

进园后，直接随意闲逛当然可以。但我们家会先好好看下地图，确认一下"哪里有什么"再开始逛。这么一来，也就了解了迪士尼乐园的全体面貌。

在地图上找到自己想要玩的游乐项目"在哪里"之后，就可以径直朝那个方向去。

大家是不是也是这样的呢？

阅读也如是。**掌握整体概况、找出写着自己想要信息的页码，直接阅读。**这样做，与上述游玩迪士尼公园的例子如出一辙。

首先，如果想要了解全书概况，就要掌握整本书的层次构造。

总结可以用纸，也可以用 B5 大小的笔记本。

了解整体层次构造后再读书，比起什么都不知道直接读，无论是阅读速度还是对书的理解程度，都会有所不同。

抓住书整体的层次结构之后，才能接下来按章节整理书中信息。

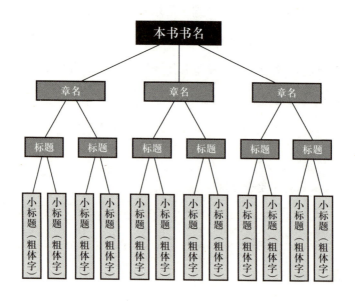

请从第一章开始按顺序总结吧。

只需完成如上工作，对于一本书的概况就能大致有所了解。

对于想要把握书籍整体构造的读者，我特别推荐这种抓住书的结构层次的方法。

2.5　什么是思维导图

"思维导图"是英国教育家托尼·博赞（Tony Buzan）提倡的一种思考方法，是将我们头脑中正在思考的内容，以可视化的图形呈现出来的思考工具。

通过思维导图，你的记忆、整理、理解和构思的范围会不断扩大，从而帮你找出所面对问题的解决方法，高效地实现目标。

这是一种与脑神经细胞形态非常接近的形式。思维导图从中间呈放射状向周边扩散出去，呈现出"放射性思考"。它的记录、构思方式与过往的形式完全不同，自成一派。

比尔·盖茨、艾伯特·戈尔（美国政治家）等众多世界领导者都十分推崇"思维导图"这一方法。除此以外，波音公司、英国航空，以及石油、数码方面的国际大型企业在进行培训业务时，也经常使用。

波音公司在对高级航空技师百人规模小组的培训上通常要花费数年，而自从引用了"思维导图"法，这一漫长的培训期间一下子缩减至几周。

历史上那些拥有伟大头脑的人，如达·芬奇、爱因斯坦、毕加索、达尔文等，他们记笔记的方法也是类似涂鸦一样画着各种各样的图画。有人认为这其中就包含了思维导图的原理。

在日本，思维导图相关书籍的销售情况良好，知名度不断上升，越来越多的人使用这一方法。

○思维导图运用于读书的各种好处

思维导图，区别于普通的笔记法，拥有许多优势。

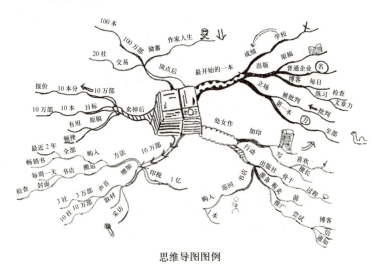

思维导图图例

我个人在使用思维导图这个方法的过程中，深切体会到了种种好处：

- 整理思路；

- 大幅度提高构思水平；

- 提高记忆力；

- 容易产生新的创意；

- 可以简短地总结大篇幅信息；

- 图表等增加视觉效果，让人一目了然；

- 可用于演讲、会议、项目管理等，应用范围广。

由此看来，在读书笔记中运用思维导图，对于之后的商业实操也容易发挥作用。

而且，一般思维导图只需用到一张 A3 或 A4 大小的纸张即可整理到位，各种图画、颜色的搭配也使视觉上更为丰富，再次翻看时也会觉得很方便。

请大家务必尝试一下。

○读书思维导图的准备工作

要把思维导图的方法运用于读书上，在制作之前首先要准备一些工具。

1．空白纸

有些人会用有格线的笔记本，但一般来说推荐大家用空白纸。

等习惯之后，再写在小开本笔记本上，在这之前还是先用 A4 纸。

由于写在复印用纸上容易散乱，建议可以使用素描本收纳起来，以免太过零落之后遗失。

2．彩色笔

思维导图最终是以彩色形式呈现的。因为色彩可以刺激大脑，提高记忆力。

最少用 6 种颜色以上的笔，更方便。可以的话，准备好 12 色的水性笔。由于油性笔会印到纸张背面，而彩色铅笔又太淡不容易看清，所以请尽量避免使用这类书写工具。

最好选择那种一头是粗头，另一头是细头的两用签字笔。

3．书籍

接着，就需要能让自己制作思维导图的书籍了。

希望大家事先可以画画下划线、贴些便利贴，把书读一遍。一边看书一边制作思维导图需要相当高超的技术，"新入门"的读者朋友可别轻易尝试。

制作阅读思维导图的必需品

纸张　　　　素描本

选择 A3 以上大小的素色纸张

彩色笔

6 种颜色以上的水性彩笔
最好避免使用油性笔和彩色铅笔

书籍

一本书，制作一张思维导图
事先读完此书

○思维导图的基本规则

在此，我们一起来看一下思维导图的制作基础。

1. 请将纸张横向摆放

纵向书写的话，思维无法很好地扩展。

横向书写对于有些人来说不是平常的习惯，但请在制作时一定别忘了横过来。

这么做更有利于开拓思路。

2. 不要用黑色笔而用彩色笔

打草稿可以用铅笔，最后还是要用彩色笔描画为好。

要知道，丰富的色彩对于记忆力和想象力会起到很大的作用。

3. 放在正中央的图像要用三种以上颜色，要有立体效果

通常来说，中间的图文尺寸要控制在拳头或矿泉水瓶底部左右的大小。如果太大，造成空白处不够，思维导图就无法继续画下去；如果太小，又失去了冲击力，很难搞清这到底是关于什么主题的。

4．从中心开始呈放射状伸展旁枝

从中心位置向外侧"伸出"分枝。请自行改变每条分枝的颜色。越向外延伸，分枝越细，分枝上的字就越小。而且分枝需呈曲线状向外延伸。

5．分枝（曲线）上只写单词

不少人习惯在分枝上写大段的文字。我还是建议大家一条分枝对应一个单词。

如果想写词组如"去旅行"，可以分开写"去""旅行"。这样方便"衍生"出更多的目的地。

6．多利用图画、符号等形式

不拘泥于文字语言，如果脑海中浮现出图像之类的内容，大可"原封不动"直接放上去。

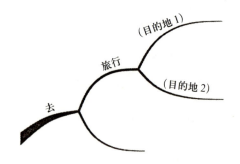

比起语言，图画包含着更多的信息。

希望大家先认识到这些基本的概念。

可能大家一开始会觉得似乎做这个"思维导图"需要遵守严格的规则，其实不然，这种方法反而不会限制人的创造力，让人们可以更自由地表达。

"思维导图"的目的就在于此。

可能大家见过这样的东西：有一个四方形盒子，向外伸出的分枝上写的并非单词而是文章，各条线并没有连在一起。准确来说，这不是"思维导图"。

如果使用 iMindMap 这个软件，在电脑上就能轻松制作思维导图。而且由于资料能保存下来，以前的书写记录就不会丢失了。

阅读用的思维导图，无论手写还是用电脑制作都没问题。

2.6　读书思维导图的制作方法

先介绍一下我自己平时使用的读书思维导图。

虽然可以在纸的空白处写"书名"，但我个人的话，一般会在思维导图里面写上"书名""发售日""出版社"等信息。根据实际情况，有时还会加上"副书名""腰封"。

这样做，关于书籍的信息就会一目了然。

接下来，正如第一章也曾介绍过的，可以根据自己确

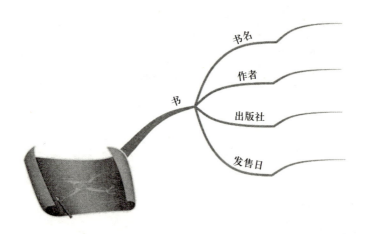

定的"读书目的""深入思考的目的"，将思维导图继续
制作下去。

这时候，用笔颜色要与书籍信息的颜色不同。从中央
向外延伸的所有分枝都用不同颜色表示，从而更容易分清。

好了，现在请试着回答下列问题。

读这本书的目的是什么？

在此只写下大概目的即可。

如要继续深挖思考下去，是怎样的目的呢？

你想了解什么呢？试着列举一二吧。可以的话，就深

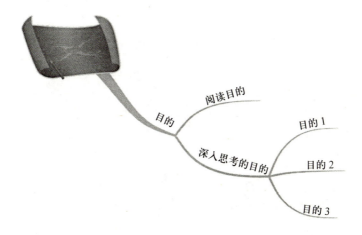

挖下去的目的写出 3 个，就非常好了。

这样一来，在之后的阅读过程中，就能非常清楚自己"一路是以 × × 目的阅读的"。

接着，根据"阅读目的""深入思考的目的"的具体内容，继续往下写得出的"答案"。

碰到最关键的内容，需要认真总结。有可能最关键的地方，也是文字量最多的部分。

这里并不是让大家要整理总结所有内容。只需要写下遵循"阅读目的"得到的"答案"就可以了。

总之，先从书里找到"阅读此书目的"这一答案，归

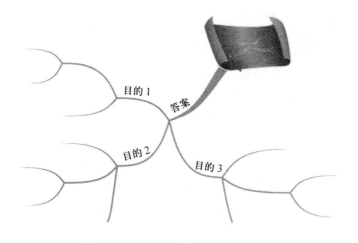

纳内容。

请一定谨记，不要写成"文章"，而是要用"关键词"来呈现。正如前面所提到的，这是思维导图的基础。

最后，用到剩下的空白区域。

到此为止，写的都是些总结性的内容。之后可以添上**读完书后的所感所悟等内容**。

只要对书籍内容认真做了整理，相信一定会有许多感想涌上心头吧。

记得把这些感想也认真记下来，等到之后重读此书时，想必会有不错的发现。

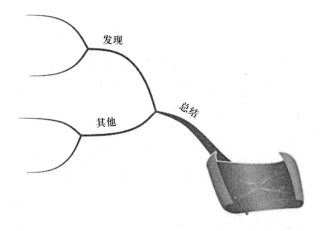

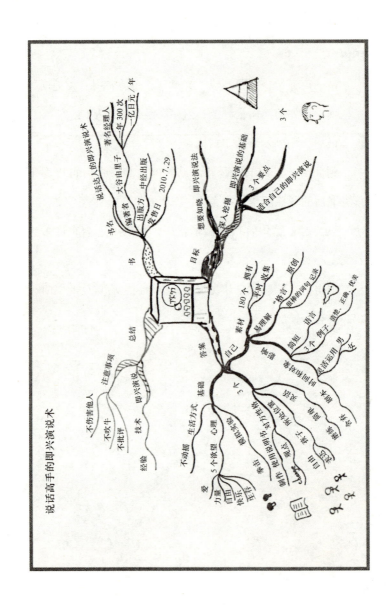

2.7 如何制作一本书的思维导图

前文介绍的主要是如何按照阅读目的制作读书思维导图。

确定自己的读书目标，然后顺着这一目标从书中找寻答案，可谓是一个高效的好方法。想要快速阅读时，就可以采取这一办法。

但无论怎么做，都无法避免书籍信息变少的事实。

因为我们制作思维导图，就是为了提炼要点。

对于想要尽可能多地保留书籍信息的读者，我会介绍一种将书的全部内容整理成一幅思维导图的方法。

若想制作这种思维导图，就必须仔细通读全书。读书也好，制作思维导图也好，都需要花费大量时间，但之后回顾的时候，却能更好地把握这本书的内容。

是"短时间内高效阅读，在思维导图上简单概括"，还是"仔细阅读后，花时间用思维导图整理书中的全部信息"，这两者是有区别的。

　　首先要介绍的方法，是按顺序总结一本书的章节、标题、小标题（粗体字）。

　　选择这一方法能大致了解书的结构，一看到思维导图就立刻能回想起书的内容。

　　其次要介绍的方法，是按顺序整理书中自己感觉重要的部分。

　　选择这一方法，看到思维导图就能立刻找得到自己认为很重要的地方。

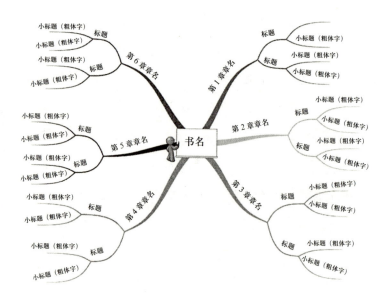

　　这张思维导图择取了"自己的重点"，完全是"个性定制"型。

　　首先挑出自己认为重要的部分，写到从中心图直接往外延伸的粗枝上。然后在分枝尾端，把与重点相关的内容用单词连接起来。

　　一开始，并不清楚一本书里到底有多少内容对自己来说是重要的。因此大家可以先做一个黑白草稿，然后再用彩色笔描画。

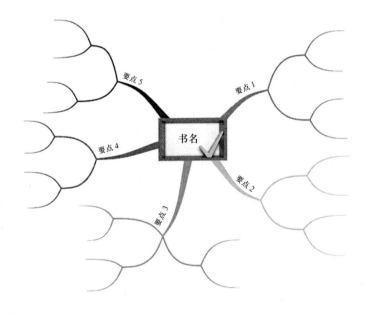

如果刚开始就用彩笔制作思维导图的话，有可能发现要点数量会超出预想，一张纸可能写不下；或者要点和想总结的信息少得可怜，纸上留下好多空白。

如果是我的话，会从头到尾读一遍书，先对全书内容有个整体把握。如第 34 页所述，用"折角""划线""做标记"等方法，事先"采集"需要的部分。**然后一边对着一本做了很多标记的书，一边制作思维导图。**这样做，就能保证在做思维导图之前，对整本书有个粗略了解。

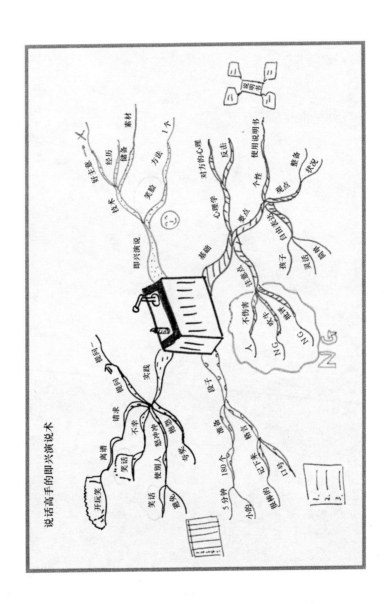

第三章

牢记读到的内容

3.1 为什么记不住书中内容？

通过制作思维导图，能够加深阅读记忆。如果想要使印象更加深刻，可以同时运用接下来为大家推荐的记忆法。

在众多有关阅读的烦恼中，"读了书也记不得其中的内容"这个问题最为普遍。

我想每个人都有过这样的经验：拿起一本之前已经读过的书，却怎么也想不起"这本书讲的是什么"。就算心里想着要说给别人听，碍于自己的模糊记忆，也不能好好完成。

这种情况下，就算你确实读过，实际上也只不过是"从书的第一页一字不落地读到最后一页罢了"，仅此而已。

如果不是相当有意识地想要记住书中的内容，就很容易遗忘。

人类大脑的构造原本就善于忘记。根据池谷裕二先生所著《大脑构造与科学学习法》一书中提到的，大脑中约有 1000 亿个神经细胞。如果把见过的景色、书本的信息、听到的人声、空调声，乃至气味、触感等都一一记住的话，不出 5 分钟大脑就会达到极限。

为了不让自己达到极限，大脑平常不会去一直记忆信息，而是在不断删除。

那么记忆是如何被遗忘的？下面我来介绍一下"艾宾浩斯记忆曲线"。它能非常清楚地将这一过程表示出来，是 100 多年前德国实验心理学家艾宾浩斯发现的一种现象。

通过观察以下图表可以清楚地看到，记住之后没过多久，大脑就开始快速遗忘。20 分钟过后，遗忘 42%；1 小时后遗忘 56%；1 天过后，甚至会忘记 74% 的信息。

从此之后基本不会有太大变化。1 周之后忘记 77%，1 个月之后忘记 79%。

根据"艾宾浩斯遗忘曲线"，如果不主动记忆，只消 1 天就会忘记大部分内容。

因此如果你自己都不想去记忆，书本上的内容全部忘光也不奇怪。

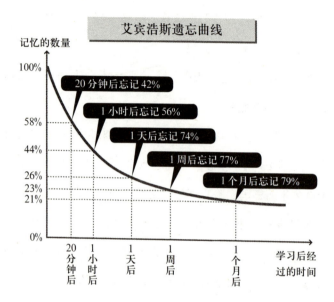

3.2 反复阅读，留存记忆

现在请大家回忆一下自己当初为了学校考试或是资格考试是如何学习的。是不是还记得当时课文反复诵读了无数遍，单词反复背诵了无数遍？

我还是学生的时候，"单词""短语"等也是在笔记本上写了好多遍，辞典也是查了不知多少回。

对于学习来说最重要的，就是不厌其烦的"反复"。反复的次数越多，记得越牢。

而在学习之外，其实我们一直在运用这种"反复"的方法。

记忆工作上需要的专业术语、让客户公司和自己公司的人名与脸对上号，又或者记忆重要事项时，相信大家应该都用过这个记忆法。

一般这样的重复行为，在日常生活中是非常自然的，所以绝大多数情况不会被人们所意识到。

让我们用刚刚提到的"艾宾浩斯遗忘曲线"来解释一

下这种行为。

当开始遗忘（即遗忘曲线下滑）时，通过重复记忆，曲线会回升。过一段时间，遗忘曲线会再次下降，再次反复后，又开始上升。

如此循环往复，记忆慢慢变得牢固，大脑就能一直处于"记得住"的状态。

阅读也是如此，通过不断重复，就能记住书里的内容。而如果只读过一遍，很难在脑中形成记忆。

反复阅读，指反复阅读整本书，也可以指反复看书里的重点。

也许有人会说："反复读这种方法，你不说我也懂啊！"**但实际情况是，真正会将同一本书读上个两三遍的人，少之又少。**知道是一回事，去做又是另一回事了。

只反复读那些适合自己的"好书"也不要紧。不一定所有的书都必须读两三遍。

但是，一本书如能读上个两三遍，就能从不同角度对书的内容有所理解。

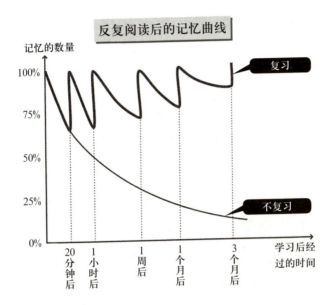

反复阅读与一次性阅读相比，可以品尝到完全不同的"阅读深度"。

3.3 丢弃80%的内容，找出重要的20%

在第一章的"不妄图全部理解"一节中曾提到，一本书的重要内容只占整本书的20%，这20%中最重要的仅有4%。

如果能继续深挖下去当然更好，但还是希望大家先专注于找出其中重要的那20%。

本田直之先生所著《杠杆阅读术》一书中，做过如下解释："一本书里的重要内容占20%，再从其中抽取80%后，所提炼的要点只占16%。如果是200页的书，就只有32页是关键内容。"

所谓重要内容只占一本书的20%，也可以用"二八定律"来解释。

这个定律就是："社会上20%的高收入者占有80%的社会财富。"

此定律由意大利经济学家维弗雷多·帕累托发现，因此也被称作"帕雷托定律"。

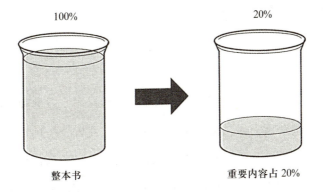

此定律可运用于许多方面。在读书上则可归纳为"**全书最重要的 20%，占有 80% 的内容**"。

要记住全部内容非常困难，也很耗费时间。

根据"二八定律"，一本书中对自己不怎么重要的内容有可能就占到 80%。

而提炼完要点再进行记忆，比起记忆整本书则简单得多。**首先，为了方便记忆，请从整本书里找到这重要的 20%。**

一本书的重点仅占 20% 这一事实也非常关键。用马克笔在重点处做标记（把书弄脏），然后反复阅读标记部分，有助于牢记 20% 的重要内容。

3.4　带着感情阅读

　　如今我已独立创业，身兼多职，担任职业咨询师、培训讲师和读书研讨会讲师。在此之前，我曾经换过好几份工作，前后一共做了15年左右的工薪族，负责的也都是销售的工作。在半导体贸易公司就职期间，我曾有机会带领爱知县某汽车零件工厂的人员到韩国工厂进行考察。

　　说到韩国，人们可能会认为以泡菜为代表的辛辣食品比较出名。但其实在当地，也有其他各种各样的美食。

　　结束工厂视察的当天晚上，韩国方面的接待人员把我们带到了一家当地的烤肉店。那是一家跟团旅游绝不可能有机会去的当地名店，味道果然非比寻常。

　　其中最好吃的要数猪肉了，我到现在还都忘不了那味道。

　　听说韩国产的猪是在水源清澈的地方自然养育起来的，不像日本产的那样之后会被抓去冷冻。因此，韩国的猪肉口感和我在日本吃到的完全不同。

　　另外，点单时明明没有点过，店家也会把装有泡菜、韩式拌菜、海苔、豆芽菜和其他小菜放上我们的餐桌。这些都是免费的，却铺满了一整桌。

这些小菜每样都很好吃，比起我在日本吃过的任何一样韩国菜都要美味。

说来有趣，平常就算前一天吃过什么都很难想起来，而10年前吃过的料理，到今天我还记得清清楚楚。

这是因为**人感叹或是惊讶时所产生的情绪波动，大脑会记得特别牢**。

"为什么情绪发生变化时，记得就特别牢呢？"下面我来解释一下原理。

按照池谷裕二先生所著《大脑构造与科学学习法》一书中所述，人类大脑的正中位置附近有一块叫作"海马体"的区域，主要负责接收记忆。

"海马体"旁边，是"扁桃体"，负责处理情绪。

我们的所见、所听、所闻、所触，用舌头品尝时接收的感官信息，以及高兴、欢乐、痛苦、后悔等"喜怒哀乐"的情感信息，都会传输给"扁桃体"。

当你的情绪发生变化，将会给予"扁桃体"一定的刺激。

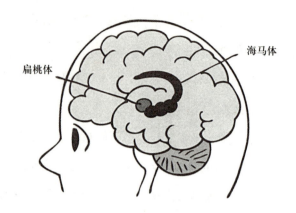

而"扁桃体"一旦受到刺激，它的"邻居"——"海马体"就会认为"这是个重要信息！"，于是将它作为记忆储存起来。

就像这样，情感上一发生波动，就更容易记住事情。读书时也可以运用这个原理。

简而言之，就是要**边读书，边调动感情**。

读到特别棒的内容，不妨发自内心地感叹一句"原来如此"；遇到让你感动的好文章，也可以尽情抒发感触；碰到略微悲伤、消沉的内容，请不要压抑情绪，可以当作没事一样继续读下去，也可以悲伤、消沉，释放情感。

在日常生活中，可能不会遇到太多情感波动较大的情况。从平时起，将自己的"喜怒哀乐"表现出来，这样就能很好地调动情绪。这个与其说是读书训练，也许更应该说是情感训练。

只要学会发挥情绪，不仅仅是书的内容，其他方面的事情也会记得很牢。

3.5　以向他人复述为前提来阅读

在第一章"有意识地输出"中也曾说明过，**输出分为"说出来"和"写出来"两个方面**。接下来，主要来说一下以"向他人讲述"为前提的阅读是如何对读书本身发挥作用的。

平时生活中，大部分人一般没什么机会在众人面前说话。

经常拥有这种机会的人，也就是"学校老师""大学教授、副教授、讲师""培训班的老师""补习学校的老师""研讨会讲师""进修讲师""演说家"等人群。除他们之外，需要在人前讲话的职业还有"经营管理者""经常做会议主持工作的企划总务人员""管理人员""经常发表提案的销售员"，等等。

由于这些人"输出"的机会较多，那么必然十分擅于掌握从书上学到的知识。

从前有这么一个说法："**自己若要理解，就先教会别人！**"教会别人，向他人做解释这件事很重要。因为如果自己都不懂的话，就不可能教会别人。

完全没有考虑任何事直接读书，之后即便要向别人说明，基本也已经忘了书里的内容。抱着会讲给别人听的想法去读书，才能记得住书里写的是什么。

如果你并不像上面这些人一样有很多机会在人前讲话，应该怎么办呢？

这时可以向自己的父母、孩子、朋友、伴侣等人讲述，制造向他人述说的机会。

如果这么做还是觉得不够，只要在读书前告诉自己"**下次，我一定要把这本书讲给 × × 听！**"，也会有一定效果。

另外，也可以参加"读书研讨会""读书会"等活动，将自己读过的书现场说给大家听。

除此之外，还可以自己创造给别人"讲故事"的机会。把身边的人聚集到一起，开一个简单的读书会。既然要在众人面前讲话，那就必须在阅读的同时有意识地去记忆书里的内容。这本身不就是一次很好的学习吗？

不用真的像开研讨会一样严肃，办成学习小组的感觉也很不错。

例如，自己正在学习某方面的知识，可以把身边的人召集起来，开个学习会。如果你自己来担任学习会主持人或负责人，效果更佳。还可以和大家一起分享与所学之事有关的书籍。

总而言之，要时刻有"要说给其他人听"的这种想法。光是有这样的念头，就能为你带来改变。

希望大家在阅读书籍之前，首先抱着这样的想法。

3.6　整理成故事来记忆

学生时期的测验也好，资格考试也罢，在背单词和历史年号的时候，还记不记得当时会用顺口溜来记忆呢？

比如"创建理想国吧，镰仓幕府"，这个顺口溜相信各位都还记得吧。上学时为了记住 1192 年镰仓幕府成立的历史事件，大家都会用这个方法记忆[①]。

真是个非常棒的方法。

按照这种联想记忆法，还可以用故事形式来记东西。将单词、文字组合在一起，通过创建故事来记忆。

如此就能创造一个简单的小故事，帮助记忆的效果也不容小觑。

在创作故事时，要想想"这么接下去好？""还是这么顺下去更好记？"这个过程本身也会给记忆带来好的影响。**比起别人创造的故事，自己创作的故事更容易被自己接受，因此会更牢固地记在脑子里。**

---

① "理想国"与"1192"在日语中的读音基本相同。——译者注

那么，我们来试试吧。

比如读完一本书，有以下这些单词是需要记住的：

• 整洁；

• 健康；

• 音乐；

• 一分钟；

• 手写；

• 笔记；

• 自己的老师；

• 学习。

这些单词是我读完中谷彰宏先生所著《人人都能成为讲师》一书后，自己感兴趣的词语。

平时作为讲师的我，觉得有必要重新将这些话讲给自己听。**本想把整篇文章记下来，但由于还没习惯，实际做起来毕竟有些困难，而记单词的话更容易记。**

通过记住重要的关键词，让这些关键词成为一个"开端"，那么整本书的内容自然而然就能回忆起来。

我就是用这 8 个单词讲了一个故事。

我正在熨烫一件衬衫，它穿起来让人感觉很"整洁"。为了"健康"，我去附近公园散步。戴上耳机，一边听"音乐"一边走路。为了让心跳加快一些，又跑了"一分钟"，这下我的心脏跳得可快了。就在这时候灵光闪现，于是我取出一支笔，在一片掉落在地的叶子上，"手写"了"笔记"。回到家中，看着之前写着"笔记"的树叶，不由想念初中时"自己的老师"。成人之后，回想起那时候"学习"态度还不够热情、端正的自己，一直在反省。

这个故事如何？

既然是创造故事，就必须运用强大的想象力。眼前仿佛出现一幅幅画面，这样印象会更加深刻。

像这样展开自己的想象，真是件愉悦的事。一定要多加尝试。

顺带一提，我选出这些词语，还有一个理由。

讲师的"外表"很重要，保持外表的"整洁"是必需的。

而选了"健康"这个词，是因为只有注重"健康"，就不会有因为身体不适而缺席重要的讲座这种情况。

"音乐"——讲座开始前与中场休息时，为了缓解参加者的紧张情绪，让现场的气氛轻松一些，放点音乐也很重要。

"一分钟"——自我介绍也好，生活中的小趣事也好，最短也要说上一分钟，否则没什么用。

"手写"——讲课时相比使用PPT，在白板上手写效果更佳。

"笔记"——讲课时不知不觉还是忍不住会看笔记，似乎不太去翻看的话，能给人留下好印象，但是一不小心还是会去看。

"自己的老师"——如果身边有一个无话不说的老师，自己也会变得更有自信。

"学习"——讲师这一角色必须保持不断学习的姿态。

像这样提炼出书本内容中的要点，通过故事的形式就能记牢。

正是采用了讲故事的方法，无论何时都能想起来。

3.7 使用首字来记录文字

为了方便记忆，通常可以用首字自创单词。这是以首字为线索记忆的方法。

例如，有一种说法叫"SMART 法则"。

这个法则是指，在设定目标的时候，如能以"S""M""A""R""T"的顺序行动，就可以创建一个明确的目的，也能和行动联系起来。

"SMART"是分别取了 Specific（具体的）、Measurable（可预见的）、Achievable（可达到的）、Realistic（现实的）、Time-bound（有期限的）这 5 个英文单词的首字母而构成。

只要想到"SMART"这个词，每个首字母所代表的意思和顺序，就都能想起来了。

以下词组也是组合首字来记忆的，相信大家都很熟悉了。作为职场人士的常识，这些商务用语的出现率很高。

• 报告

完成领导下达的指示、命令，然后传达正在推进的状况与结果。

·联络

不任意加入自己的个人意见，向相关人员就业务详情、真实信息传达。

·相谈

遇到无法自行判断的情况，要听取领导、前辈和同事的参考意见，获取建议。

如果要记这三个词，就分别取下它们的首字，这样就组成了词组"报联相"，通过它来记忆。只要一听到"报联相"，脑中立刻浮现"报告""联络""相谈"三个词。所有的首字，都是让你想起各自代表意义的线索。

·砂糖

甜味在食材中不容易入味，需要提早放入。

·盐

盐比较容易入味，具有抽取食材水分的作用。

·醋

醋放太早的话，酸味会消失。因此放的时机很重要。

·酱油

酱油一遇热，味道会变淡，因此要在快完成菜品的时候放入。

• **味增**

为了不影响菜的味道，放入味增后要立刻关火。

这样记忆，就能轻松掌握放入调味料的正确顺序。

通过首字来记忆的方法，在碰到必须按顺序记住的事物时特别有效。另外，如要一次性记住好多东西，这个方法也很有用。

3.8 创建形象，联系记忆

创建形象，从而联想记忆，这种方法从 2000 多年前的古希腊时代开始传承至今。在那个时代，不像如今有纸有笔这样方便，要留下文字和图形非常麻烦，因此用大脑记的话速度比较快。

具体来说，首先把想记忆下来的事物在脑中创建形象，然后和其他形象联系起来。

这时候要做的，不是单纯把不同的形象联系在一起，**而是尽量创建一些现实中不太可能的形象**。这也是能够加深记忆的诀窍。

在此，我随机挑选了 8 个单词作为范例来说明。

- 书籍
- 富士山
- 智能手机
- 圆珠笔
- 飞机

- 东京天空树

- 长颈鹿

- 液晶电视

让我们一边结合这些单词的形象，一边记忆。

创造奇怪的形象，给本来毫无意义的事物赋予一定的意思，记忆起来更容易。

这样一个不合常规的世界，就像做梦一般。

实际上，我们使用的正是这样的方法来联系记忆。

1. 把"书"和"富士山"联系在一起。

    一本堪比富士山大小的书籍，正盖在富士山山顶。

    （把书想象得越大，越容易留在脑海里）

2. 把"富士山"和"智能手机"联系在一起。

    富士山正把一台巨大的智能手机压得粉碎。

    智能手机屏幕都裂开了。

    智能手机好像很疼的样子。

3. 把"智能手机"和"圆珠笔"联系在一起。

    智能手机突然袭击了圆珠笔。

    圆珠笔从中段折断。

4. 把"圆珠笔"和"飞机"联系在一起。

有一支巨大的圆珠笔。

圆珠笔正在和飞机比赛谁飞得快。

这支圆珠笔的速度之快，简直让人怀疑自己的眼睛。

5. 把"飞机"和"东京天空树"联系在一起。

一架飞机被东京天空树刺穿。

飞机连动都动不了。

6. 把"东京天空树"和"长颈鹿"联系在一起。

一头超大的长颈鹿。

东京天空树正被这头大个的长颈鹿津津有味地啃着。

东京天空树好像很痛的样子。

7. 把"长颈鹿"和"液晶电视机"联系在一起。

有一台尺寸很大的液晶电视。

长颈鹿从液晶电视里跳出来了。

怎么样？顺利联想出来了吗？

很多平常根本无法想象的画面，在脑海里浮现。

通过这样的形式，创建形象、展开联想，记住的事物会越来越多。

想起"书籍"，就会想到"富士山"；

想起"富士山"，就会想到"智能手机"；

想起"智能手机"，就会想到"圆珠笔"；

想起"圆珠笔"，就会想到"飞机"；

想起"飞机"，就会想到"东京天空树"；

想起"东京天空树"，就会想到"长颈鹿"；

想起"长颈鹿"，就会想到"液晶电视"。

像这样，通过形象联系起来的事物，能够不断地被想起来。

由于这些都是通过影像画面记忆的，所以不容易忘掉。

这次我举的例子里虽然只有 8 个单词，但实际上有可能要记忆 20 个、30 个甚至更多，也可以一下子串联很多个事物来记忆。

如果还不习惯用这个方法，那么可能是创建形象这件事对你来说还有点难。当然，想象一些比较平常的影像也是可以的，等到熟练了，慢慢就能学会创造越来越有趣的故事。

3.9 便利贴记忆法

这种贴条的方法，是指在不同位置贴上要记住的事物，展开联动记忆。

通常来说，我们会选择同一个位置或场所。

比如"腰部""身体部位""自己的房间""自己家里""上班、上学路上""学校""公司"，等等。

现在，我们尝试使用大家都有的"身体部位"来介绍"便利贴记忆法"。

制作 10 个粘贴处。

1 号：脸部正中央

2 号：耳朵

3 号：肩膀

4 号：手臂

5 号：手

6 号：胸部

7 号：腹部

8 号：大腿

9 号：膝盖

10 号：脚尖

这次要记住的单词如下：

• 狗

• 乐天

• 新干线

• 笔记本电脑

• 安倍经济学

• 瓶装水

• 混合动力汽车

• 点心面包

• 计算机

• 草莓

首先，在 1 号所在的脸部中央，有一只狗在啃咬。

接着，2 号所在的耳朵处，想象连着一个与乐天有关的东西。那我们就想个戴着乐天金鹰棒球队的棒球帽的三木谷先生吧。三木先生正从耳朵里跳出来。

3 号肩膀处，插着一列新干线列车。

4 号手臂处，挂着一台笔记本电脑。

然后是 5 号手上——提起安倍经济学当然不能不想到安倍首相，他正要从手中一跃而出呢。

然后是 6 号胸口，插着一瓶矿泉水。

接着，混合动力汽车撞上了 7 号腹部的地方。最容易想到的就是普锐斯了吧。

然后，从 8 号大腿处钻出了一袋点心面包——总觉得有点恶心呢。

9 号膝盖上，放着一杯刚从便利店买回来的热咖啡，感觉快要被烫伤了。

10 号脚尖处，放着一颗草莓。

如果一次还记不住，那就在脑子里回想两三次吧。不断重复记忆，画面会在脑海里定格。

这个例子把人身体部位分成了 10 处，其实可以分得更细，有时甚至可以分为 20 个以上的部分。

除了利用身体部位外，还可以用自己的家来记忆。

1 号是门口，2 号是鞋箱，3 号是楼梯，4 号是厨房，

5 号是餐具柜，6 号是电视机，7 号是沙发，8 号是厕所，9号是浴室，10 号是洗手间。

也可以这样确定贴纸处。但要注意的是，电视机和沙发等这些地方可能会移位。

如果以自己的家来记忆，则可划分得更为详细，20 处、30 处都没问题。

除此之外，从自己家的门口开始，到公交车站、便利店、咖啡馆、地铁上下车车站等，利用上下班或上下学的必经之路也可练习便利贴记忆。

第四章

将书中内容付诸行动

4.1　知识，只有付诸行动才可发挥效果

读书，特别是阅读商务类书籍，只有在读完后有所行动才能发挥阅读效果。

好不容易读完却把内容都忘了，或者就算记得住内容也是读过后没有任何后续行动——大家是不是都有过这样的经历？

无论什么事情都是如此，如果不行动起来，就不会有任何成果。

光读书不行动，说明只是把书作为"阅读材料"，**认为只要读过就可以了。**

商务类书籍的作者，将积攒了几十年的知识、技能都写进了书里。

我不敢保证所有内容都适合每个读者，但是**通过采取与作者相同的行动，或者说按照书上所写的方法加以尝试，总能得到一些收获。**

比如你想要创业，也读了关于创业的书籍，但什么都

不做，这样下去过多长时间都不能实现创业的梦想。

学过的东西，一定要自己去尝试实践、付诸行动。如果只是心里想着"什么时候做做看"，所有事也只能止于做梦。

无论何事皆如此，"行动"这个行为本身，就是一件十分困难的事。

关于这个观点我是有发言权的——自从决定"要创业！"到实际真正开始创业，前后花了5年时间。

在这5年的岁月里，我读了大量的书籍，但始终没有迈出第一步。

"怎么运用这些学过的创业技巧？""什么时候辞职？""辞职之后的生活该怎么办？"……我纠结于诸如此类的许多问题。最妨碍我前进的是没有胆量——人是一种害怕失败、容易止步不前的生物。

心里一直想着创业，却又不愿草率行动，那就尽早考虑"创业必需的要素是什么？""为此我必须做什么？"将这些想法化成详细的步骤，一步步往前行进。

以如下内容为例，付诸行动所要承担的风险应该会小很多。

• 读了关于阅读的书，改变自己的读书方法；

• 读了关于研讨会讲师的书，将自己的举止用录像机录下来用于自我检查；

• 读了关于宣传语的书，修改自己博客的标题；

• 读了关于教学方法的书，活用于自己的培训中；

• 读了关于收取问卷调查的书，钻研如何做问卷调查。

这些都是我实际读书之后，在创业前后一直在做的事。

无论读了什么书，一定要结合行动，这样就一定能有所成果。你也一起来试试吧！

4.2　将自我指导用于读书

"自我指导"这个词，之前是否听过？

在此，针对还没听过"自我指导"这一说法或者不知道该怎么做的人，我来做一些解释。

说到"指导"，也许自然而然地会让你想到棒球、高尔夫球等运动的教练。但是，这些都与"自我指导"略有不同。

"教练"一词，最早出现在16世纪，传到日本时已经是2000年左右。

"教练"的语源，是指将乘着"马车"的人送到目的地的人员。也就是说，教练（教导他人的人）是"支持对方达成目标的人"。

所谓"指导"，根据指导人员培训机构的不同各有定义，归结起来就是"**引出对方的潜能，促使其自主行动的沟通技巧**"。

如今它已被视为组织的一种管理技能，在上司与下属的沟通以及目标管理等各种情境下，越发广泛地被运用着。

许多商务人士、专业领域人士、咨询师和研讨会讲师等独立创业者，经常将其活用于自己的工作中。在我担任讲师的学校里，有很多人专程过来学习此方面的知识技能。

通常来说，"指导"是一对一进行的，而"自我指导"则是将"指导"的各项技能活用在自己身上。

我们也可以将这种指导技能运用于读书方面，将读过的内容付诸实际行动。**从书本内容里发现行动目标，然后实践。**

也许一开始，自己要独自完成这些事会有些不习惯，但随着练习次数的增加，慢慢就会越来越熟练，请放心。

下面会详细介绍如何运用"自我指导"来行动。

4.3 从书本上设定行动目标

到现在为止，大家是否使用过本书中学到的"读书方法""笔记方法"和"记忆方法"并亲身实践，确切掌握某本书的内容呢？

了解了一本书的内容后，接下来如何转化为行动呢？为此，设定"行动目标"就变得非常重要。

在第一章"有效率地读书"里已经告诉过大家，"要确定读书的目的"。

这里所说的目的，是指"你想从书里得到些什么"等读书前必须做的准备工作。

而本章所说的**"行动目标"，意思就是"读完书后具体想要做些什么？"**心里想着"我要这样做！""我想变成这样！"这些都是和自己的"行动目标"一致的想法。

这一目标，是开始行动之前的必要准备。

现在，我想请大家区分一下"目的"和"目标"。

读完书，请试着把"行动目标"写下来，写许多条也没关系。

然后将这些行动目标，以"何事、何时、多少"具体用数字表示出来。

如果无法用数字表示，也请尽量将内容写详细。

比如说，读完一本关于创业的书。

然后请设定行动目标：

• 想创业；

• 一年后，想以研讨会讲师身份创业。

上述的两条行动目标，你觉得哪个更容易付诸行动呢？

如果只写"想创业"，这个目标未免太大，也过于暧昧不清。完全不知道具体要做什么才好，因此很难付诸行动。而像"一年后，想以研讨会讲师身份创业"这样的写法，既明确了时间，又知道以什么事情为基础创业。只有这样具体地写出来，才是一个有机会付诸行动的目标。

针对上面的问题，正确答案是什么？

× 想创业

√ 一年后，想以研讨会讲师身份创业

如果定了很多个行动目标，请安排好优先顺序。

设定行动目标的关键之一，是要明白"什么是不紧急但重要的事情"。"紧急且重要的事情"，即便不放在心上，有所行动的概率也非常高，因此都不需要做自我指导了吧。

"紧急且重要的事情"，比如有截止日期的工作、突然约了别人，等等。"不紧急但重要的事情"，比如建立人际关系网、工作与学习的计划准备、保持健康、自我启发，等等。

	紧急	不紧急
重要	【第一领域】 紧急且重要 •公司的工作任务 •与重要的人的紧急约会 •治病 •解决麻烦、纠纷	【第二领域】 不紧急但重要 •创业后建立人脉关系 •创业后的学习计划准备 •为了创业而保持健康 •创业后的自我启发
不重要	【第三领域】 紧急但不重要 •平时的工作电话 •开会，制作报告书 •非重要邮件的回复 •接待突然来访的客户	【第四领域】 不紧急且不重要 •等待的时间 •长时间看电视和上网 •浑浑噩噩地玩游戏 •低头玩智能手机

请对照如今的现实状况，选择实际有可能达成的目标。

选择自己认为容易达成的，有清楚概念的行动目标为佳。

× 创业半年后，年收入达到 3000 万日元

√ 创业两年后，年收入达到 500 万日元

我想许多人和我一样，通常会设立"创业半年后年收入达到 3000 万日元"这样的目标。最开始时，我也设定了这么个不切实际的数字（目标）。关于自我启发的书里大多都写着"只要写在纸上就能实现！"这样的话，让人坚信终有一天会实现的，于是不知不觉就把这么个如同白日梦一般的目标写了下来。而这些目标，如果真要付诸行动的话，非常不切实际。

按照 SMART 法则，设定自己的目标。

"SMART"，即 Specific（具体的）、Measurable（可预见的）、Achievable（可达到的）、Realistic（实际的）、Time-bound（有期限的）每个单词的首字母组成，被称为"SMART 法则"。

如果所定目标与现实的差距太大，就没有办法顺利达成，从而逐渐变成一件折磨自己的事情。

"创业半年后，年收入达到 3000 万日元"，这是在我独立创业之前的几年，糊里糊涂设下的一个目标。

当然了，定一个远大目标而开始创业固然很好，但真正开始之后，几乎接不到什么工作。

当时，我从一些很小的业务慢慢做起，努力工作才赚几万日元，真是切身体会到了赚钱辛苦。

这下我才终于对"创业半年后，年收入达到 3000 万日元"这样的目标死心了，知道根本不可能。于是转换方向，先朝着一般公司职员的收入看齐，也就是"创业 2 年后，

SMART 法则

Specific（具体的）
清楚详细的，能想象出来的

Measurable（可预见的）
用数据等方式预测可达成的程度

Achievable（可达到的）
不会不切实际，有实现的可能性

Realistic（实际的）
具有一定现实性

Time-bound（有期限的）
定下具体时限，何时达成目标

年收入达到 500 万日元"。

实际上，创业之后的年收入能达到多少因人而异。但想半年内收入上 3000 万日元，这样的目标却稍稍脱离了现实。大概是因为感觉自己创业的话好像就能挣大钱，于是开始不断做梦，可现实并不是如此美好的。

如果从零开始创业，两年时间做到年收入 500 万日元不是不可能，这是我自己独立创业后才明白的。有些人轻轻松松就能达到这个目标，但对于大多数人来说，还是需要花上不少力气。

有个说法，说是创业后达到生活无忧无虑的程度，需要花三年时间。那么我的情况怎样呢？这里先不提。

总之，以具一定现实性的数字为标准是最好的。

接下来给大家举个例子，是我创业开始前一年发生的事情。

当时一直在考虑要以研讨会讲师身份独立创业的我，偶然读到了利用周末创业的藤井孝一所写的《不用辞职照样年收入翻倍：无风险副业、创业的完美指南》。

在这本书里，我想实践的方法有许多，首先就以"提供免费服务积累成绩"作为自己的目标。那时候，虽然始终没有踏出第一步，但现在想来，今天的我有所成就，也是因为这个行动目标。

于是，我定下了这样的行动目标：

"三个月之内不收取任何费用，以研讨会讲师的身份出道。"

如今看来会觉得这是个挺容易达到的目标，但当时我还是公司职员，别说是讲师经验了，甚至都没有举办过研讨会。从这一点来看，这个目标很符合当时的自身情况。

加上"三个月""不收取任何费用"这样的限制，"以研讨会讲师出道"这件事就成了具体、清楚，谁看了都能一目了然的行动目标。

那么首先要做的，就是真正地以研讨会讲师身份积累一次实战经验。

觉得自己的实力对不起向别人收取的费用，只是烦恼这些的话，就什么事都做不了。但看了这本书里的"不收取任何费用"这句话，我才真正下定决心。

如果"不收取任何费用"，也就没什么顾忌。

关于"要开什么主题的研讨会"这一问题，由于当时还不是很明确，所以没考虑具体要做什么方面的内容。我的精力主要集中于"提供免费服务、积累实绩"，从而定下了这一目标。

到此为止我列举的都是关于"独立创业"的事例，其实还有其他**实践起来比较容易的"行动目标"**。

比如读了关于沟通的书之后，设定"明天开始在公司要主动和同事打招呼"这样的行动目标。

这种情况虽然也很容易马上付诸行动，参照之前自我指导的步骤一步步实践，就会更容易达成目标。

4.4 想象自己达成目标时的样子

读到这里，相信不少人已经对"行动目标"这一概念有了清楚的认识。

可是，即便现在催你马上"行动起来！"，也很难有这个心情去真的实践吧。

因此，我想先让大家在脑子里描绘一下自己"达成了目标时的样子"，将自己带入那份激动人心的心境中去。让自己兴奋起来，能让之后的行动更为顺畅。

首先，请对自己提出下面这个问题：

"达成目标的时候，具体会处于怎样的状态？"

无论怎么样的目标都行，请具体清晰地在脑海里想象。这是非常重要的一步，请大家认真地对自己提问。

具体描绘完自己达成目标时的状态后，请对自己提出如下问题：

"达成这个目标，你觉得自己会是什么心情？"

这个问题，能让你正视自己的情绪。无论是什么样的情绪都请坦率地接受。

然后，用"五感"去感受。

"达成这个目标之后，会看见什么？"

"达成这个目标之后，会听见什么？"

"达成这个目标之后，会感觉到什么？"

人类都是通过"五感"来识别外界信息的。"五感"包括视觉、听觉、触觉、味觉、嗅觉。在NLP（神经语言系统）中，把五感分为Visual(视觉)、Auditory（听觉）、Kinesthetic（体感）三部分，各取首字母，叫作"VAK模式"。

每个人对于自己的VAK，似乎都有各自的优先顺位（敏感部分），分别为视觉优先（V型人）、听觉优先（A型人）、体感优先（K型人）。

在此，对这三种VAK模式提出问题。

有了明确的想象画面之后，对于达成目标的动力就会变高涨。这份为了达到目的而变得激动热诚的心情，要好好体会。

就前文提到的，以我自己为例具体解释一下。

对于我自己立下的"3个月之内不收取任何费用，以研讨会讲师的身份出道"这一目标，试着向自己提出如下问题。

◎达成目标，具体会是怎样的状态？

没有任何问题和失误，最后研讨会圆满结束，而且参加活动的每个人都非常高兴。

◎达成这个目标，你觉得自己会是什么心情？

非常开心。总而言之，站在人前感觉非常充实。

◎达成这个目标之后，会看见什么？

首先想到的是，我将举办自己擅长的读书研讨会。有6个朋友过来听我演讲。一开始我非常紧张，慢慢习惯之后，研讨会顺利进行下去。

结束后，大家都十分高兴。

◎达成这个目标之后，会感觉到什么？

感受到了办研讨会的疲劳，以及从紧张感中解放出来了。有种冲刺到最后，酣畅淋漓的感觉。

我属于比较注重视觉和身体感觉的人，因此是从这两方面回答上述问题的。如果你对自己哪个感官比较敏感并不是很清楚，就请从 VAK 所有的方面都回答一下吧。

顺带一提，注重听觉的人，或许会给出这样的回答："（我）听到了与会者们的笑声和掌声。"

作为创业方法之一，在正式开始创业之前的一年半左右，针对我自己立下的"一年后，想以研讨会讲师身份创业"这一目标，向自己提出疑问。

◎达成目标的时候，具体会处于怎样的状态？

在取得了影像阅读法（被视为速读法的一种）的正式资格证书后，我开始教别人如何制作思维导图。另外，我还利用职业咨询师的资格证书，开展关于职业生涯方面的研讨会及演讲活动。

◎达成这个目标，你觉得自己会是什么心情？

"我终于取得想要的资格证书，总算可以教别人了。"——应该会是一种既充实又喜悦的心情。

◎达成这个目标之后，会看见什么？

听课的人参加讲座之后，将我教给他们的知识实际运用起来。

◎达成这个目标之后，会感觉到什么？

自己是作为专业人士指导别人的，有一种"自己非常专业"的满足感。

实际上在独立创业之后，我并没有成为影像阅读法的教学讲师，而是举办了我独创的"读书研讨会"。

而关于思维导图，开始我没有考取资格证书，但是我取得了思维导图咨询师证书，开办了入门级讲座。

当然最终，我在创业几年后还是拿到了思维导图的正式资格证书。

而且，创业近三年后，我在大学作为客座讲师，开设了职业规划的讲座，终于实现了自己举办职业生涯研讨会和演讲的梦想。

一路走来，我终于将创业前的目标变为了现实。

当初虽然有一些不安，但现在回过头看，还真是"梦想照进了现实"呢。

4.5　明确现在的位置

读到这里，相信你对于"行动目标"已经有了很明确的认识。

"行动目标"足够清晰了以后，就必须把握自己现在所处的位置——"现在我正处于怎样的状态？"**要知道"行动目标"与"现状"之间有多大的差距。**

有可能差距不大，也有可能相去甚远。要根据程度的不同，为缩小差距而改变对策。

在此，我推荐大家运用"用数字表示现在所处位置"的方法。因为用数字表示，能客观地看待自己如今所处的状态。

那么，这时候应该向自己提出什么问题呢？

"如果说最好的状态是 100% 的话，现在是百分之多少？"

针对这个问题，可以用百分比的数字形式表示。到底是百分之多少？请尝试回答一下。

接下来，问一问自己这样的问题：

"现在是百分之多少，为什么？"

请分析一下为什么是百分之多少。

通过用数字表示现在所处状态的百分比，可以把握自己"现在所处的位置"。与理想状态做比较，就能够明白"自己已经走到哪一步了"。

像我对于自己提出的"3个月之内不收取任何费用，以研讨会讲师的身份出道"的目标，我是这么问自己的：

◎如果说最好的状态是100%的话，现在是百分之多少？

40%。

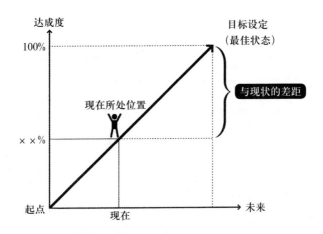

◎现在是 40%，为什么？

自己作为研讨会讲师，决定把"关于读书的内容"作为演讲的题材。然后，召集和我一样学习思维导图的朋友，定期举办学习会，按顺序大家轮流做讲师。由此，说不定哪一天我还是可以做讲师的。

就像这样，客观地分析自己的现状。

接着，作为创业方法，在正式开始创业之前的一年半左右，针对我自己立下的"一年后，想以研讨会讲师身份创业"，向自己提出疑问。

◎如果说最好的状态是 100% 的话，现在是百分之多少？

10%。

◎现在是 10%，为什么？

说老实话，对于自己究竟能不能创业，我没有任何实质的证明，也没有什么勇气。而且，当研讨会讲师的经验也几乎为零，有的只是"想成为思维导图讲师"的一腔热情。

4.6 思考与行动目标之间的差距

掌握了自己现在所处位置之后，想想自己距离"行动目标"的差距。

现在所处的状态是百分之多少，是因人而异的。而从"现在的状态"到"最好的状态"这两者之间的距离，就是你的差距所在。

有些人这个差距比较小，而有些人就相对还离得很远。

在此，问问自己这个问题：

"△△％的时候，是怎样一种状态？"

数字△△，是指前文用来表示"现在所处位置"时给出的百分之多少，在这一数字的基础上，再加上10%。

比如现在所处位置是40%的人，加上10%就是50%。这么一来，看到的就是与现状不同的一种状态。

此处的10%，是为了不与现状相距太远。

像我对于自己提出的"三个月之内不收取任何费用，以研讨会讲师的身份出道"的目标，我是这么问自己的：

◎ 50% 的时候，是怎样一种状态？

（现在是 40%）

即便还没确定要当讲师的具体时间，但已经决定下次是由我来担任讲师。

这说明现在作为研讨会讲师的这件事是确实有保证的。

这样，就能看到自己在走向最佳状态时的整个过程。

接着，作为创业方法，在正式开始创业之前的一年半左右，针对我自己立下的"一年后，想以研讨会讲师身份创业"，向自己提出疑问。

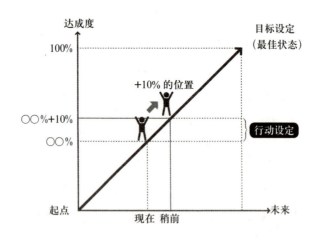

◎ 20% 的时候，是怎样一种状态？

（现在是 10%）

无论如何，作为研讨会讲师登上讲坛的可能性变得越来越大。

我知道只要有一点点可能，这个百分比就会不断上升。

4.7　为了填补差距的具体行动

上一节让大家查看一下自己所处状态与所定行动目标之间的差距，得到的百分比再加上了10%。

想要缩小"加上10%后所处位置"与"现在所处位置"之间差距的话，该做些什么呢？想一想自己应该采取什么行动。

原本，考虑缩小"现在所处位置"与"最佳状态"之间的差距时该做什么是最合理的，但有些人可能会由于差距实在太大，失去干劲而迟迟无法行动。

所以，我才决定在这里解释缩小"加上10%后所处位置"与"现在所处位置"之间的差距时，应该怎样做。

按照"最佳状态时的行动目标"，制定"加上10%后的目标"。

这时候请向自己提出如下疑问：

"为了达成加10%以后所在位置的目标，我能做些什么呢？"

不管怎样，请尽可能多想出一些具体的行动方案。

可以的话，给出 5 个以上。

如果只要求给出 3 个，其实一般不会费多少精力就可以想出来，而要求你给出更多的话，就等于是要求你要更深入地思考。

若想"拿出更多实在的步骤"，对自己提出如下问题也有效果。

• 使用 5W1H 的提问范例

怎么做?

和谁做?

在哪里做?

何时做完?

关于我自己提出的"三个月之内不收取任何费用，以研讨会讲师的身份出道"的目标，我是这么问自己的：

◎为了达成 50% 的状态，我能做些什么呢？

想到多少就写出来多少。

• 将"下次我要自己做讲师!"这一宣言群发邮件

• 召集大家确定下次的日程

- 向几个朋友事先讲明自己下次会做讲师这件事
- 请大家帮忙确定安排讲师的顺序
- 关于是否对读书研讨会有兴趣，征求大家的意见
- 不如宣传一下读书研讨会
- 试着让大家决定下次的讲师由谁来担任
- 提前确定好下回讲师的人选，在下次研讨会结束后告诉大家"下次我想做讲师！"

你看，是不是写出来很多条了。

全面利用自己的聪明智慧，甚至连略微奇特的方法都能想出来。

关于创业方法，在正式开始创业之前的一年半左右，针对我自己立下的"一年后，想以研讨会讲师身份创业"，向自己提出疑问：

◎ 为了达成 20% 的状态，我能做些什么呢？

同样地，想到多少就写多少。

- 自己有能力开什么样的研讨会
- 有没有可能在某处举办研讨会
- 寻找有能力企划研讨会项目的人

•能为参加过多次研讨会经验的人做些什么，找他们咨询

•找到思维导图讲座的授课老师，询问建议

•去东京与速读讲座的授课老师会面

诸如此类，请多多发散思维，写下目前自己可以做的事。

接下来，让我们进入下一步。

4.8 从所写的项目中选出一项

上一节让大家写下了一些具体的行动。有些人可能只写出 3 个，也有人写出 5 个、10 个，甚至更多。

写了那么多条，请从其中选出一条最想做的。

这时候，这样问问自己：

"其中最想着手做的是什么？"

像我自己提出的"三个月之内不收取任何费用，以研讨会讲师的身份出道"的目标，我是这么问自己的：

◎其中最想着手做的是什么？

问大家下回的讲师让谁来担任，我会选择这么一个具体的行动，因为如果突然宣布"我来当讲师！"的话，大家有可能不太容易接受，所以才选了这个方法。

作为创业方法，在正式开始创业之前的一年半左右，针对我自己立下的"一年后，想以研讨会讲师身份创业"，向自己提出疑问：

◎其中最想着手做的是什么？

去东京与速读讲座的授课老师会面。

在此，再追加一个问题：

"如果这么做了，会有什么结果吗？"

这个问题，是通过事先想象，预测行动之后会产生的结果。这么做有助于让过程进行得更顺利。

像我自己提出的"三个月之内不收取任何费用，以研讨会讲师的身份出道"的目标，我是这么问自己的：

◎如果这么做了，会有什么结果吗？

可以想见，大家围绕"让谁来做讲师"提出各自的意见。这样一来，也许就有机会将"我来做！"说出口。

作为创业方法，在正式开始创业之前的一年半左右，针对我自己立下的"一年后，想以研讨会讲师身份创业"这个目标，向自己提出疑问。

◎如果这么做了，预测会有什么结果吗？

居住在东京的速读讲师根据自己的经验，给了我许多指导。在今后行动之路上，感觉这会成为我的后援力量。

那么，让我们接着进入下一步。

4.9　将行动细分成从明天就能开始的
　　小步骤

现在开始进入"行动"模式。

到此为止，都是一边自问自答，一边引导出"具体的行动"。接下来，需要自己给自己支持，让这些想法能够转化为实际行动。

由于不是别人告诉自己怎么去做，而是自己亲自引导出来的行为，所以自己主动去做的可能性非常高。

在此，请向自己提出以下问题。

"为了能这么做，这一周里我可以干些什么？"

也请大家尽量多写一些。

对于我自己提出的"三个月之内不收取任何费用，以研讨会讲师的身份出道"的目标，我是像下面这样问自己的。

◎问大家下回的讲师由谁来担任，为了做到这一步，这一周里我可以干些什么？

• 群发邮件向大家提问

• 询问关系较好的朋友："觉得下回由谁担任讲师比较好？"

这个问题设置得比较清楚，所以不需要细分成更具体的行动。根据问题主题的不同，来左右是否要把行动进一步细分。

作为创业方法，在正式开始创业之前的一年半左右，针对我自己立下的"一年后，想以研讨会讲师身份创业"，向自己提出疑问。

◎ "去东京与速读讲座的授课老师会面"，为了做到这一步，这一周里我可以干些什么？

• 确认该速读讲师的研讨会日程安排

• 根据研讨会日程，申请参加讲座

• 直接发送邮件、邀约见面

• 查看自己的行程

在这个主题下，其实还有许多必须要做的事。

4.10　确定需要实施的事情

至此，已经写出不少可以在一周里做的事情了。

从中挑选一件决定实际去完成的。

然后，确定"什么时候去做"，确认一下自己达成目的以后的心情。

向自己提出以下问题：

"实际上，你想怎么做？"

"准备做到什么时候？"

"达成目标之后，是什么心情？"

关于我自己提出的"三个月之内不收取任何费用，以研讨会讲师的身份出道"的目标，我是这么问自己的：

◎实际上，你想怎么做？

群发邮件向大家提问！

◎准备做到什么时候？

工作到明天！

◎达成目标之后，是什么心情？

心里很爽快!

作为创业方法,在正式开始创业之前的一年半左右,针对我自己立下的"一年后,想以研讨会讲师身份创业",向自己提出疑问:

◎实际上,你想怎么做?

确认东京速读讲师的研讨会行程安排,申请参加讲座!

◎准备在什么时候完成?

三天之内!

◎达成目标之后,是什么心情?

时隔多日,终于可以和老师说话了,感觉很兴奋。

4.11 将行动告知他人

走到这一步，应该对自己具体要采取什么行动有了一个清楚的概念。

对于什么时候去做什么事，也应该很明确了。

为了让你确实地付诸行动，有件事请一定要先做——"将行动告知他人！"

通常来讲，如果是一对一的指导课程，告诉自己的指导老师倒是有可能。但如今大家采取的是自我指导的方式，没有直接可以告知的对象。

所以，有必要先找出"该向谁宣告？"

对父母总觉得不好意思说出口，那么作为倾诉对象的话，丈夫、妻子、恋人、朋友和公司同事等，应该可以了吧。

即便不准备讲给别人听，**也可以写在** Facebook、**推特、博客等地方**。如果这样都很难做到的话，**请将"行动宣言的内容"写在自己的笔记本上**。总之，一定要告诉他人。

顺便一提，不是说直接讲给人听，效果一定最好。

好了，该向自己提问了。

"想把自己的行动告诉谁（用什么方式传达）？"

请务必告诉某个人自己的行动。

4.12 付诸行动

最开始，你可能会觉得自己定下的行动目标太大，但随着对本书中介绍的步骤操作得越来越熟练，慢慢地，你会发现这些目标其实触手可及。它会渐渐变为你最初迈出第一步的、比较容易实现的行动目标。

然后就是将自己的行动告知他人，也有可能利用社交网站——Facebook、推特、博客等。

采取行动之后，心情上会有什么变化呢？在实践中，我想你已经亲身体会过了，大多数人"在行动之后都会有好事发生"。

迈出第一步，也许是最困难的。但是，通过本书按顺序实践的读者，我觉得"肯定行"。

最后，成功采取行动的人，也请将最终结果告诉给他人。

在Facebook、推特、博客上宣布也无妨。

给大家通报一下我之前定下的"三个月之内不收取任何费用，以研讨会讲师的身份出道"的实行结果。在通过群发邮件询问大家意见之后，我正式决定下次作为读书研讨会的讲师登上讲台了。

由于是第一次，当时很紧张，幸好总算圆满完成了。

参加人员也都很满意。

幸好我办了这么个研讨会，得到"说起读书就想到大岩"的评价。同时，也增加了在其他学习会开设读书研讨会的机会。

而且通过这个研讨会，我对自己越来越有信心，后来开始了收费开办读书会。

关于另一个"一年后，想以研讨会讲师身份创业"目标的实行结果，我后来去了东京与速读讲师会面，就创业问题听取了老师的意见。

过程中我与老师谈了很多，其中，老师的一句话——"看来你已做好万全准备，接下来就该勇敢踏出第一步了！"，成了我迈向创业之路的坚强后盾。

在与速读老师商量之后，我开始利用周末时间定期开办读书研讨会。就这样一年后，我正式作为研讨会讲师开始创业。

原本我是没什么勇气的，始终都不敢迈出第一步，但一回想起老师那番鼓励的话就立刻开始了行动。

正式创业之后，我把读书研讨会从原来的一次两小时变为一次一天。同时，也开办了关于思维导图的入门讲座。

通过举办研讨会和研修活动，后来开始从客户那里收取费用。更让我欣慰的是，不少参加完研讨会的人们，还对我表示了真诚的感谢。

第五章

读书对人生产生影响的实例

5.1 读书 + 创业

我自己在阅读的过程中，是如何做记录、如何记忆，又是如何将书中内容化为行动的？接下来，我将在介绍具体读过的书籍的同时做说明。

而前文中的那几张思维导图，在我读书时还没有完全掌握，是后来重新做的。

《周末创业》——藤井孝一

○选择此书的理由

这是我在创业之前的几年里，买的第一本关于创业的书籍。

当时在网上搜索关于创业的信息，就发现了这本书。

那时候不像如今市面上有那么多创业书籍，而且这个《周末创业》的书名也很奇怪，因此深深吸引了我。比起一下子放下全部工作去创业，还不如利用周末，从"小买卖"

开始慢慢来——对于这个理念我十分认同，所以买下了这本书。

○如何阅读？

我从"如何才能创业"的角度，通读了这本书。

与一般的创业书籍不同，它提倡的是从"小买卖"起步，对我来说比较容易接受和实现。

后面变为考虑怎样才能慢慢向创业靠拢，就这些细化的目的一直读下去。

而关于怎样才能不被公司发现，如何处理税金等，则选择跳读。

○记录的内容

什么是周末创业：

• 无须辞职；

• 无须花钱；

• 利用互联网创业。

与时薪制的兼职不同，周末创业的优点是：

• 有意义；

• 收获经验；

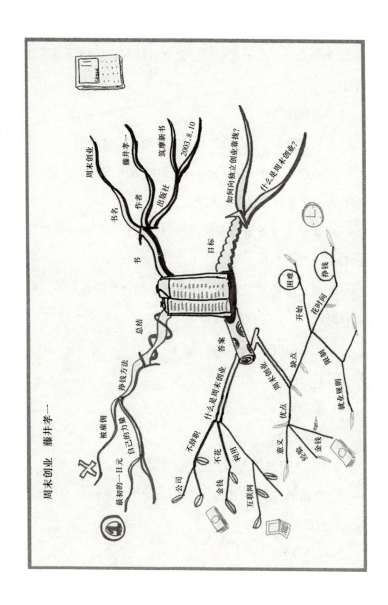

• 有钱赚。

周末创业的缺点是：

• 万事开头难；

• 需要蛰伏很久才能赚钱；

• 可能受到就业规则限制。

作为兼职收入，不能像打零工那样按时间雇用，而是以自己的方式挣钱。

首先，要赚取最初的一日元，也就是第一桶金。

○实践这本书中的内容

想赚取第一桶金，需要制作想要创业领域的网站主页，做广告营销。

○后来如何了？

当时，我制作了自己感兴趣的家电类的网站，并委托相关从业人员制定 SEO 对策。在这个网站附上广告链接，这样的网络广告营销方式让我挣了不止一日元呢。在正式工作拿工资之外还能挣钱，我由此变得非常自信。

后来，我想到了在亚马逊网站贴上图书链接的办法。把自己写得不错的书评放在博客上，然后把链接放在末尾。

关于博客，一年 365 天一日不落地更新着。之后开设读书研讨会，也是以这个读书博客为契机一步步发展起来的。

开了几次读书研讨会之后，我的经验、自信心双丰收，于此终于有资格作为读书研讨会讲师的身份正式出道。

也许挣到最初的一日元是微不足道的，但正是因为迈出了这一小步，我才能依靠自己的力量开始真正的创业。

5.2 读书 + 自我启发

《思考致富》——拿破仑·希尔

○选择此书的理由

曾有段时间我阅读了大量书籍，那时起便对自我启发有了兴趣。

作为一个"阅读商务书籍无数"的人，这本书经常会在各种地方被推荐，所以我自然知道有这么一本书。

这是一本在自我启发、成功学类别中的必读书，而我自己也一直处于想尽早获得成功的急切心境中，因此对它产生了极大的兴趣。

如果你也想成功，建议首先按照这本书里所写的实践。

○如何阅读

这本书内容丰富，页数很多，一开始就要先想办法抓住重点。

作者将通往成功的道路分为 17 步。于是我从把握每一步的概要开始阅读这本书。

能将里面写的所有内容都付诸实践固然很好，但考虑到这样做有很大难度，因此我选择找出"自己有能力实施的、适合自己的通往成功的步骤"。

○记录下来的内容

特别选出了 3 条适合自己的走向成功的步骤，将它们记在笔记本上。

• 愿望设定，是达成所有目标的出发点（迈向成功的第一步）

首先，要有一个明确的愿望。

当一个让你兴奋不已的愿望或目标转化为实际行动后，你的梦想总有一天会实现。

自己想要的东西要自己去寻找并获得。

• 迅速做出决断（迈向成功的第 7 步）

失败的最大原因就是缺乏决断力。

要尽早做出决断，除非需要做变更，否则一旦下了决定就不要轻易改变。

优柔寡断，是任何人都不得不克服的大敌。

• 引导动力的魔法创意（迈向成功的第 10 步）

无论何时，都要付出更多！

制订行动计划，然后积极地行动，养成多付出的习惯，那么你就会获得比谁都要多的利益和强大动力。

〇实践这本书中的内容

将目标写在纸上，早上起床后和晚上睡觉前一定要读一遍。

〇后来如何了

我把目标写在纸上，并且每天坚持读一遍，但当时怎么也达不到预定目标。现在回想起来，有可能是因为设定目标的方法不对，目标都是一些脱离现实的事情。

随后突然在某一天，我的目标终于实现了。

一定是因为我选择了更切合实际的目标，也掌握了目标设定的诀窍。

将目标写在纸上，只是读一读而什么都不干，肯定一事无成。后来我懂了，如果能够正确设定目标，那就一定能成功。

直到今日，我仍然坚持着这个习惯。独立创业，成为

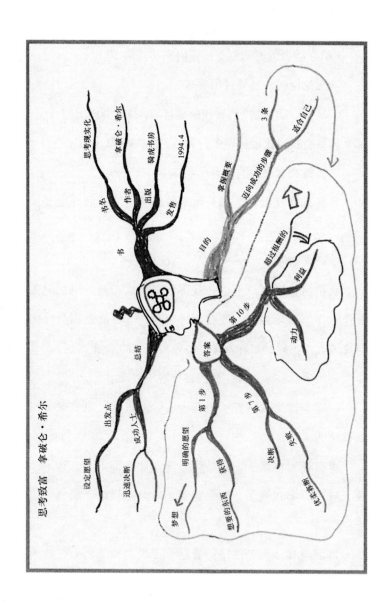

职业咨询师、研讨会讲师、培训讲师，做有关销售的演讲等，得以达成了许多目标。

把书本上的内容化为实际行动，并且坚持实践下去，是非常重要的。

5.3 读书 + 考取资格证书

《考上就靠心智图》——荻原京二、近藤哲生

○选择此书的理由

影像阅读法的相关研讨会上，我学会了书籍内容整理的一个方法——制作思维导图。后来在查找与思维导图相关的书籍时，发现了这本书。

这本书的作者是影像阅读法方面的讲师，我曾参加的讲座的老师是这位讲师的朋友，老师在课上推荐了此书，于是我决定买来阅读。

当时，我正准备要考职业发展咨询师（CDA）必备的职业咨询师资格证书，觉得书中的资格考试学习法会对我非常有帮助。

职业发展咨询师的考试并不难，但考试范围很宽泛，不好好复习的话肯定很难拿到证书，所以我一直在想有没有好的学习方法做参考。

讲心里话，一方面那时候的我已经好久没为了考试复习了，另外也是想找找看有什么方法可以花最少的力气就能掌握这方面的知识。

○如何阅读？

大致翻了翻整本书，发现比起讲思维导图，这本书更多的是在写怎样学习才能高效地通过考试。

书里介绍了很多种方法，我决定找出哪个学习法看上去最好上手，并且对自己最有用，抱着这种想法来读这本书。

对于其中判定我一直在错误学习的"DESIRA 之窗"[1]，以及 3 步学习法，我进行了重点阅读。

○记录下来的内容

把所有考试问题分为 4 类的"DESIRA 之窗"图解记下来。

简单来说，这 4 类是指：

考试中经常出现但不会做的问题；

考试中经常出现也会做的问题；

---

[1] 学习的优先顺序应为：1.考试中经常出现但不会做的问题；2.考试中经常出现也会做的问题；3.考试中不常出现也不会做的问题；4.考试中不常出现但会做的问题。

考试中不常出现也不会做的问题；

考试中不常出现但会做的问题。

应该按照第 1 类 80%，第 2 类 15%，第 3 类 5% 来分配学习的精力。

接下来，我记录了 3 步学习法。

步骤 1　理解力

步骤 2　记忆力

步骤 3　回答

按照 3∶6∶1 的时间分配最为理想。

〇实践这本书中的内容

我决定采取这种应对考试的方法：集中学习"考试中经常出现但不会做的问题"和"考试中经常出现也会做的问题"。

〇后来如何了

虽然我的目标是获得职业发展咨询师（CDA）的职业咨询师资格证，但遗憾的是，第一次的笔试成绩没有合格。之后我按照这本书里介绍的考试学习法重新来过，第二次终于合格了。

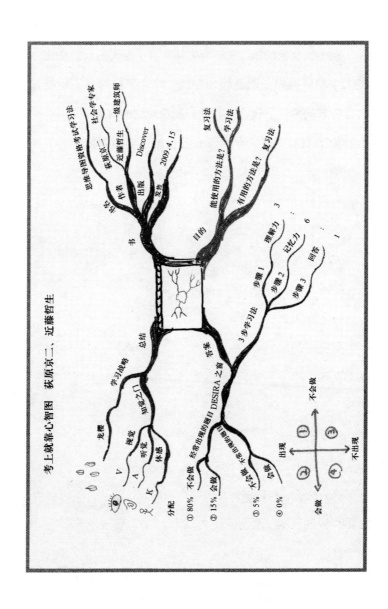

　　托考试合格的福，我的人生从此有了翻天覆地的变化，某大学聘请我担任职业咨询师的工作。更好的是，还能在自己中意的大学里作为讲师开办职业规划的讲座。

　　如果当初中途放弃，那么我也就不会拥有如今的美好人生吧。

5.4 读书＋掌握领导力

《人性的弱点》——戴尔·卡耐基

○选择此书的理由

创业前，我在担任某公司部门负责人的时期，就已经深切体会到动员别人有多不容易了。

就在苦苦寻找有什么书能对自己工作有帮助的时候，遇见了这本书。

此书堪称名作，在其他类别的书里也推荐过这本书。

原本我认为内容简单一些、图片多一点的书更好，但是之前读了这位作者写的《人性的优点》一书，之后每每回想起来都觉得写得很好。所以这次发现了这本书后，就立刻决定买下。

○如何阅读

翻阅目录就可以知道，书中有很多重要内容。

但是如果一字不落地阅读，会花费太多时间，而且看的是翻译版，意思理解上毕竟会有些不准确，所以选择抓重点阅读。

对现在的自己来说最重要的事情是什么？我遵循这一目标来读书。

确定目标后，就能在书中找到自己需要的内容。

接着只要重点阅读自己需要的内容就行了。

○记录下来的内容

• 动员他人的 3 原则

即使是凶恶的犯人，也不会觉得自己很坏。

普通人不可能觉得自己是坏人。

批判别人，没有任何好处！

• 受他人喜爱的 6 原则

如果想要获得他人的好感，请给予对方真诚的关心。

名字，对其本人来说是最能感受到愉悦、觉得自己受重视的单词，要牢记这一点。

若要变身沟通高手，请先成为倾听高手。

和他人说话时，请以对方为话题。

• 说服他人的 12 原则

在争论中获胜的唯一方法，是避免争论。

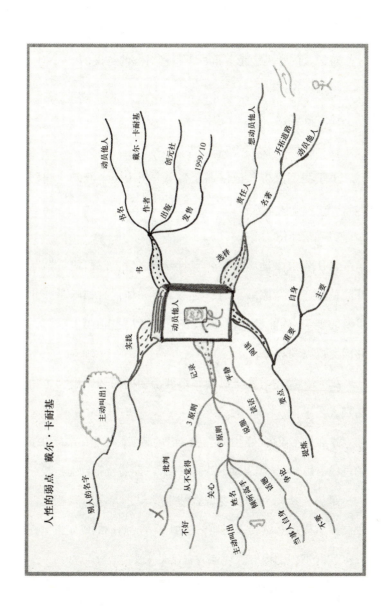

对他人的意见表示尊重，不指摘对方的错误。

平静地谈话。

让对方多说一些。

○实践这本书中的内容

由于我不太擅长记住别人名字，便决定"经常叫叫别人名字"，并多加练习。

○后来如何了

自从养成主动叫别人名字的习惯之后，部门成员渐渐开始信赖于我。原来主动叫别人名字和他们打招呼是如此重要的事。更棒的是，我从此收获了与他人之间的信任关系，并因此得以顺利升职。

如今，我在举办研讨会和培训活动的时候，也会主动叫别人名字。

这么做不仅可以记住许多参会者的名字，还能在举行讲座的过程中和参会人员互动，从而使会场气氛也变得特别和谐。

最终，从得到的问卷调查结果发现，大家的满意度都很高，这样也必然会提高他们参加下一次活动的确定性。

实践书中的内容，还能为自己带来工作。

5.5 读书＋提升工作技能

《销售的铁则》——片冈洋

○选择此书的理由

这本书是我在大约一年前读过的。

正好是得到要让我举办销售培训研讨会的消息的不久之后。

独立创业后，作为培训讲师、咨询师的我虽然职责是指导他人，但直到那时候我才正式接受销售培训。

我工作了大约 15 年后，正式成为企业法人，开始经营公司，那时拥有的人脉资源和销售成绩仍保留至今。因此，我有我自己的处事之道，并且有能力传达给对方。但是，别人怎么样我就不清楚了。

所以作为要向他人传授法人营业知识的角色，首先我想学习一下"至今为止有过哪些经验""传达了怎样的法人营业知识"。

　　亲自去到大型书店卖销售类书籍的角落，一本一本翻找自己需要的书，终于找到了这本书。

　　销售类书籍，有关保险销售、销售英语对话等针对个人的销售技巧，以及新客户开发、上门随访等方面的书较多，而对法人销售有帮助的实际上真的很少。

　　○如何阅读

　　作为自己演讲和培训活动的讲师、咨询师，能否找到对自己工作有帮助的内容？带着这个目标开始阅读。

　　这本书页数不是很多，关于销售方面的知识信息却很全面，读起来并不费力。

　　即便如此，对于自己在演讲和培训中用不到的内容，我也会跳读，看到有兴趣的地方再仔细读。对于这本书，我用的就是这种方法。

　　因为要将书中的内容用于工作，自己必须好好理解，因此对感兴趣的部分，我会反复阅读。

　　○记录下来的内容

　　销售说到底，就是一种沟通技术。

　　将书中关于沟通的内容，重点记下来。

• 销售高手的条件——倾听高手

会不会聊天，决定了你的销售成绩。

成为"倾听高手"，是变身销售高手的捷径。

• 良好的第一印象，进展会更顺利

给人留下的第一印象不好，之后就不会受人待见。

比起"措辞"，"外表、举止"更重要。

特别希望大家记住一条：梅拉宾法则。

"讲话（语言信息）"留给人的印象——7%；

"声音、说话方式（听觉信息）"留给人的印象——38%；

"外表、举止（视觉信息）"留给人的印象——55%。

• 总之，请先和客户聊天

成为倾听高手的关键在于"提问"。

谈话中引导客户的提问分为两类：

• 开放性问题：不能用"是"或"否"简单回答的问题

• 封闭式问题：可以用"是"或"否"简单回答的问题

○实践这本书中的内容

我决定在销售演讲、培训中，尝试融入一些沟通技巧。

○后来如何了

关于如何选书，正如之前所写的，虽然我关于自我启发、工作的基础、报联相、沟通培训等方面都有所涉及，但这次是我第一次接触销售培训。

我在制作培训课程计划期间读了这本书，因此明白了销售的基础就是沟通，于是决定将沟通内容加入培训活动中。

事实证明这个决定很明智，销售培训受到了大家的好评。

后来，我甚至有幸得到一个机会在工商会议所举办以销售为主题的演讲，将之前的销售培训中添加的内容也放在了这次演讲中。同样，得到了很高的评价。

我想，只有在读完一本书并付诸实际行动，才会在最后获得大家的好评。

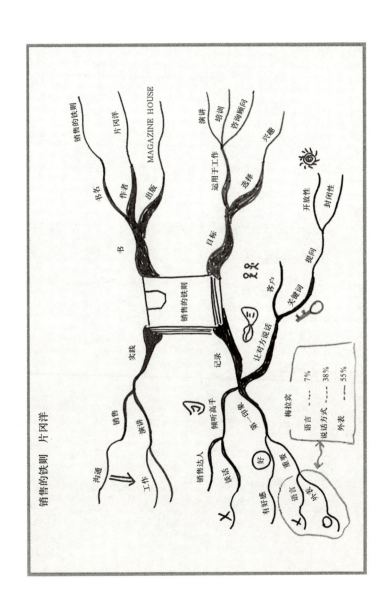

后　记

阅读大量书籍来储蓄知识，这一点非常重要。

可是，读完那么多书却"无法留在记忆里""没有什么成果"，这和没有读过一样。

即使只读一本书，如果一个人能将这本书所写的内容转化为实际行动，也可谓一名真正的读书家。

这是因为关键不在于"读了多少书"，而是"有过多少行动"。

我在刚开始读书的时候也是如此，读完便了事。光想着应该多读书，最后什么都没留下，这样可不行。

因此在本书中，以下内容占了较多页数来描述。

• 针对忙碌的人，缩短时间、高效阅读的诀窍；

• 记忆书上的内容，并且利用思维导图在笔记本上做总结——这一招我自己也掌握了；

• 运用指导技术，采取行动获得成果的方法。

以上这些，都是可以单独使用的技巧。

运用这些技巧之后，让自己在商务活动上有所改善，我当然很高兴。但更希望每一位读了这本书的读者，在读书这件事上运用所有的技巧，取得非凡的成果。

针对至今为止没有固定阅读习惯的人，或者读了很多书但没有付诸行动的人，只要能灵活使用本书所写的方法，相信最后都会有所进步。

在此，衷心祝愿大家都能通过读书收获自己的幸福。

最后，借此机会，我想由衷地感谢那些给予我诸多关照的人们。

感谢出版社的久松圭祐先生，给予我执笔此书的机会。

还有一直和我探讨思维导图相关内容的朋友、指导方面的朋友、职业生涯咨询师的友人，以及帮助我举办研讨会的朋友们，谢谢大家。

另外，对于我自由任性的行动毫无怨言、仍在背后默默支持我的妻子，和我那活泼可爱的双胞胎孩子，谢谢你们给予我无穷的勇气。

真心感谢！

大岩俊之

出版后记

为什么要买书？为什么想要读书？

在成年人的世界里，"读书"这两个字或多或少都会带有一些"功利性"。有时候是为了学习以前从未接触过的领域知识，有时候是想要尽快提升自己的工作技能等。

但是也有很多人，明明读过了很多书，以为储备了很多知识，却还是好像完全没有彻底掌握书中的内容。仿佛曾经读过的书，都如同那一个个闲适的下午一样消失不见了。我们虽然看似获得了大量的知识，但并没有为自己的读书设定一个目标，一个可以将书中的内容付诸行动的目标，这样只不过是"空读书"罢了。

本书作者大岩俊之曾经也是一个讨厌读书的人，也因为没有将读到的内容应用到实际行动中而吃了不少苦头。当他想要开始独立创业之后，虽然一年的时间里读了300多本书，却还是无法完全掌握书中的内容并加以运用。为了改变这一现状，他参加了一些有关读书的研讨会，也总结出了一些个人读书上的心得。最终，成了一名讲师，实现了创业的梦想。

在这本书中，作者不仅提出了一些让读书更有效率的技巧，还总结了一些能够让你将书中的内容付诸行动的方法。比如，一边读书一边记录笔记，如何掌握一本书的结构层次，制作一本书的思维导图，如何从书本上设定行动目标，等等。作者还具体谈到几本书，说明自己在阅读的过程中，是如何做记录，如何实践书中的内容的。

相信各位读者在读完这本书之后，不仅可以马上吸收、掌握一本书的知识，还可以设定目标，马上行动起来。

服务热线：133-6631-2326　188-1142-1266

读者信箱：reader@hinabook.com

后浪出版公司

2017 年 4 月

图书在版编目（CIP）数据

实用性阅读指南：把读到的知识转化成能力 /（日）大岩俊之著；陈怡萍译. -- 南昌：江西人民出版社，2017.10

ISBN 978-7-210-09651-1

Ⅰ.①实… Ⅱ.①大… ②陈… Ⅲ.①读书方法Ⅳ.①G792

中国版本图书馆CIP数据核字(2017)第201466号

DOKUSYOGA「CHISIKI」TO「KOUDOU」NI KAWARU HON
© TOSHIYUKI OOIWA 2014
Originally published in Japan in 2014 by ASUKA PUBLISHING INC.
Chinese (simplified character only) translation rights arranged with ASUKA PUBLISHING
INC. through TOHAN CORPORATION,TOKYO.INC.

版权登记号：14-2017-0389

实用性阅读指南：把读到的知识转化成能力

作者：[日] 大岩俊之　　译者：陈怡萍
责任编辑：冯雪松　　温发权　　特约编辑：李雪梅　　筹划出版：银杏树下
出版统筹：吴兴元　　营销推广：ONEBOOK　　装帧制造：墨白空间
出版发行：江西人民出版社　　印刷：北京京都六环印刷厂
690 毫米 × 960 毫米　　1/32　　5.5 印张　　字数 72 千字
2017 年 10 月第 1 版　　2017 年 10 月第 1 次印刷
ISBN 978-7-210-09651-1
定价：36.00 元
赣版权登字 -01-2017-617

后浪出版咨询(北京)有限责任公司 常年法律顾问：北京大成律师事务所　　周天晖 copyright@hinabook.com
未经许可，不得以任何方式复制或抄袭本书部分或全部内容
版权所有，侵权必究
本书若有质量问题，请与本公司图书销售中心联系调换。电话：010-64010019

《学会学习》

好方法比努力更重要
从个性出发
找到学习的制胜关键

著　者：（日）斋藤孝

译　者：张祎诺

书　号：978-7-210-08170-8　　页　数：240

出版时间：2016.03　　　　　　定　价：32.00元

有人早上念书头脑最清晰，有人晚上背单词效果最好；有人闭关，有人在咖啡厅；有人躺着读，有人要大家一起读。你适合哪一种学习法？在本书中，作者既总结了十六位杰出人物的学习方法，又分享了作者自身的学习技巧。旨在为找不到适合自己学习方法的读者提供启示。

发现特洛伊遗址的谢里曼，凭借自身独特的外语学习方法，阅读大量原文古籍，从而推测出特洛伊遗址的可能地点。日本畅销作家村上春树，用长跑的方式打造强健体魄，长期坚持小说家的职业生涯，接连写出畅销书籍，等等。他们在人生中也曾遇到过关键性的转折点，使他们成功转变就是其独特的学习方法。

在这些学习方法中，你一定可以找到适合自身情况、能够长期坚持的方法。亦可在作者的基础上推陈出新，打造出属于自己的学习法则。

《深阅读》

**网络让我们漂流在信息海洋的表面
而阅读带我们向下深潜，
汲取深藏水底的精神清流**

著　者：（日）斋藤孝

译　者：程　亮

书　　号：978-7-210-08558-4

出版时间：2016.09　　　　　定　价：36.00元

　　在当今这样快节奏的时代，读书稍显老套，但我们确实无法忍受没有书的人生。读书到底有什么意义？这个问题乍看简单，实则难以回答。本书作者认为人类的思想早已达到极其深澈的程度，犹如地层深处流淌着的清流，唯有通过读书掌握了"深潜能力"，才能找到地底珍贵的宝藏。

　　本书主要从根本上阐述"读书"的意义，更有作者力荐的创新性读书方法。透过本书的字里行间，我们细细感受作者阐述"读书"的力量，找回生而为人最宝贵的财富。希望本书能带给你更好的阅读体验。